Ernst Cassirer zur Einführung

Heinz Paetzold

Ernst Cassirer zur Einführung

JUNIUS

Junius Verlag GmbH
Stresemannstraße 375
22761 Hamburg
Im Internet: www.junius-verlag.de

Umschlaggestaltung: Florian Zietz
Titelfoto: Bildarchiv Preußischer Kulturbesitz, Berlin
Satz: Druckhaus Dresden
Druck: Druckhaus Dresden
Printed in Germany 2008
ISBN 978-3-88506-371-1
3. Aufl. April 2008
(Zur Einführung ; 271)

Bibliografische Information der Deutschen Nationalbibliothek
Die Deutsche Nationalbibliothek verzeichnet diese Publikation in der Deutschen Nationalbibliografie; detaillierte bibliografische Daten sind im Internet über <http://dnb.d-nb.de> abrufbar

Inhalt

Anhang

1. Wer war Ernst Cassirer?

Hätte man im Jahre 1915 philosophisch Interessierte in Deutschland nach Ernst Cassirer gefragt, so wäre die Antwort wahrscheinlich gewesen: Cassirer, das ist ein *Erkenntnistheoretiker*. War doch Ernst Cassirer der Autor des Buches *Leibniz' System in seinen wissenschaftlichen Grundlagen* (1902) sowie eines zweibändigen Werkes zur neuzeitlichen Erkenntnistheorie (*Das Erkenntnisproblem in der Philosophie und Wissenschaft der neueren Zeit*, 1906/07). Namentlich bei dem zuletzt genannten Werk handelt es sich um ein damals neues Genre der Philosophie, die Problemgeschichte. Galilei, Descartes, Leibniz und Kant sind die Heroen. Zu deren Erkenntnistheorien gibt es allerdings eine verwickelte Vorgeschichte, welche Autoren wie Cusanus, Bacon, Hobbes, Locke, Hume, Berkeley, Spinoza, Lambert und viele andere umfasst.

Mit seinem im Jahre 1910 veröffentlichten Buch *Substanzbegriff und Funktionsbegriff* hat derselbe Autor Cassirer in die damaligen Debatten über den Sinn und die Tragweite der wissenschaftlichen Erkenntnis eingegriffen. Wolle man die treibende Dynamik und die innere Konstellation der zeitgenössischen Erkenntnisproblematik innerhalb der Naturwissenschaften begreifen, so müsse man davon ausgehen, dass die wissenschaftlichen Begriffe keine Wesensbegriffe mehr seien, mithilfe deren die Phänomene »substanziell« definiert und erklärt würden. Wissenschaftliche Begriffe träten vielmehr zu »Feldern« oder »Reihen« zusammen, und nur darin erfüllten sie eine produktive Funktion.

Für eine erste Erläuterung dieses Punktes ist der von Cassirer selbst erörterte Begriff der Energie anzuführen: In der physikalischen Theorie empfiehlt sich der Begriff der Energie aus drei Gründen. (Vgl. SuF, 250 ff.) Zunächst einmal ist Energie nicht als eine dingliche Qualität zu verstehen. Sie ist etwas Wirksames, das selbst unsichtbar bleibt. Außerdem eignet sich der Begriff der Energie vorzüglich zu einer mathematisch-numerischen Darstellung. Energie kann man in Quanten ausdrücken. Schließlich erlaubt es der Begriff der Energie, verschiedene Bereiche der physikalischen Welt, wie Kraft, Wärme und Bewegung, miteinander zu verknüpfen. Die Energie tritt nicht als Sonderexistenz in Erscheinung, wie das Licht oder die Elektrizität, sondern sie drückt lediglich einen funktionalen Zusammenhang zwischen den Phänomenen aus.[1]

Hätte jemand sich zu Beginn des Jahres 1933, also fast zwanzig Jahre später, nach dem Autor Ernst Cassirer erkundigt, so wäre er auf dessen in den Zwanzigerjahren publiziertes dreibändiges Werk *Philosophie der symbolischen Formen* verwiesen worden (Erster Teil: Die Sprache, 1923; Zweiter Teil: Das mythische Denken, 1925; Dritter Teil: Phänomenologie der Erkenntnis, 1929). Mit dieser Arbeit war der Erkenntnistheoretiker Cassirer zum *Kulturphilosophen* geworden. Damit nahm Cassirer Anteil an der Formung eines damals neuen Genres der Philosophie: der Kulturphilosophie. Die wissenschaftliche Erkenntnis war nicht länger der einzige Fokus der Philosophie, neben ihn traten die Sprache sowie der Mythos als Formen, in denen sich eine kulturelle Spontaneität und Aktivität des menschlichen Geistes bekundet. Außerdem machte Cassirer deutlich, dass das wissenschaftliche Erkennen in alltäglichen Formen der Deutung der objektiven, der intersubjektiven und der inneren subjektiven Welt gründet. Geblieben war Cassirers Interesse für die innere »Logik« der menschlichen Erfahrung. Aber es gibt nicht nur die eine »Logik«

der wissenschaftlichen Erfahrung, ihr tritt vielmehr eine Logik des sprachlichen, des mythischen und des alltäglichen Weltverstehens zur Seite.

Mit seiner *Philosophie der symbolischen Formen* verschaffte sich Cassirer schnell eine auch internationale Resonanz und Reputation. 1933 wurde der liberale jüdische Kulturphilosoph von den nationalsozialistischen Machthabern in Deutschland gezwungen, sein Herkunftsland zu verlassen. England zunächst und dann Schweden gewährten dem von Verfolgung bedrohten Gelehrten Aufenthaltsrecht und verschafften ihm akademische Arbeitsmöglichkeiten. Es spricht für die geistige Assimilationsbereitschaft Cassirers, dass er mit *Axel Hägerström. Eine Studie zur Schwedischen Philosophie der Gegenwart* (1939) nicht nur seiner Kulturphilosophie ein sozialphilosophisches Profil verlieh, sondern dass seine Studie auch ein Zeugnis der intellektuellen Auseinandersetzung mit der philosophischen Mentalität des Gastlandes bietet. Zweifellos hat das noch im Ausgang der Weimarer Republik verfasste Werk *Die Platonische Renaissance in England und die Schule von Cambridge* (1932) seinem Autor Cassirer die Berufung an die Universität Oxford eingetragen.

Hätte man wiederum zu Beginn des Jahres 1945 – der vor dem Holocaust geflohene Cassirer, der 1939 die schwedische Staatsbürgerschaft erhalten hatte[2], war im Jahr 1941 in die USA gelangt – in der englischsprachigen Welt den Namen Cassirer genannt, dann wäre man zweifellos belehrt worden, dass es sich um einen *kulturanthropologischen Autor* handle. Dieser hatte in seinem amerikanischen Exil ein Buch publiziert, das nach dem Erkenntnistheoretiker und Kulturphilosophen Cassirer eine dritte Identität signalisierte: zeichnet doch *An Essay on Man* aus dem Jahre 1944 eine Wende zur Anthropologie aus. Die berühmte Formel des Aristoteles, der zufolge der Mensch ein »animal rationale« sei, müsse neu gefasst werden. Der Mensch sei eher das »animal symbolicum« (VM, 51) – ein Wesen, das sich seine Identität in der Welt durch den Gebrauch von Symbolen verschaffe. Die symbolische Ideation sei die grundlegende Aktivität der Menschen.

Das Buch *The Myth of the State*, das, 1944 konzipiert, erst im Jahr 1946 posthum publiziert wurde und langjährige Studien zu diesem Thema zusammenfasst[3], ist Cassirers philosophische Verarbeitung des nationalsozialistischen Holocaust. Es gebe nicht nur einen gewissermaßen legitimen Umgang mit den mythischen Energien der menschlichen Erfahrung in Religion und Kunst. Die totalitären Regime des 20. Jahrhunderts – allen voran der deutsche Faschismus – machten einen illegitimen, aber darum doch äußerst wirkungsvollen Gebrauch vom Mythischen. Die totalitären Machthaber setzten den Mythos zu den Zwecken einer affektiven und mentalen Gleichschaltung der Menschen strategisch ein. Mit den Mitteln der modernen Kommunikationstechnologien (Radio, Zeitung) erzeugten die totalitären »Herren« Mythen. Diese hätten den praktischen sozialen Sinn, eine durch ökonomische, politische und soziale Krisen verunsicherte Gesellschaft totalitär zur Volksgemeinschaft zusammenzuschweißen.

Die intellektuelle Physiognomie Ernst Cassirers bliebe ohne die nötige Kontur, ließe man außer Acht, dass es diesem Autor nicht zuletzt auch um die Ursprünge der kulturellen Moderne ging. Das Buch *Individuum und Kosmos in der Philosophie der Renaissance* (1927) porträtiert die Epoche der europäischen Renaissance. Es handelt sich um eine kulturphilosophische Deutung der Ursprünge der Moderne. Nicht nur das wissenschaftliche Profil dieser Epoche, sondern darüber hinaus ihr religiöses, soziales, künstlerisches und politisches Antlitz tritt hervor. Schon 1916, also noch vor der Ausarbeitung seiner *Philosophie der symbolischen Formen*, hatte Cassirer Studien zur deutschen Entwicklungslinie der kulturellen Moderne veröffentlicht: *Freiheit und Form* – so der Titel des Werkes – ging der Entfaltung der neuzeitlichen

Ästhetik, der Entstehung der modernen Staatskonzeption und modernen Literatur nach. Obwohl Cassirer einen spezifisch deutschen Entwicklungspfad verfolgte, deutete er diesen doch nicht als einen privilegierten, wie deutschtümelnde Ideologen des imperialistischen Deutschland damals suggerierten.[4] Ergänzend zeichnet die Studie *Die Platonische Renaissance in England und die Schule von Cambridge* (1932) kulturelle Modernisierungsschübe auf der britischen Insel nach.

Das von Cassirer selbst am meisten geschätzte Buch war indessen dem 18. Jahrhundert gewidmet: *Die Philosophie der Aufklärung* (1932). Der Titel ist gewissermaßen Programm: Das Werk befasst sich mit der sozialen und kulturellen Wirkung bzw. Wirksamkeit der Philosophie.

Schon diese kurze Skizze zeigt: Das philosophische Œuvre Ernst Cassirers zu verstehen heißt, interne Transformationen seiner Philosophie zu begreifen. Es bedeutet einzusehen, dass die Erkenntnistheorie sich zur Kulturphilosophie entwickelt. Die Kulturphilosophie indessen verwandelt sich in Anthropologie. Die Anthropologie schließlich ist nur als sozialphilosophisch informierte politische Philosophie möglich.

Scheut man ein wenig Pathos nicht, so kann man sagen: Cassirers philosophisches Werk ist das Zeugnis der Odyssee eines jüdischen Intellektuellen deutscher Herkunft im Ausgang des 19. und in der ersten Hälfte des 20. Jahrhunderts. War doch der am 28. Juli des Jahres 1874 geborene und am 13. April 1945 verstorbene Ernst Cassirer Zeuge zweier Weltkriege. Seine Lebensspanne umfasst gewaltige soziale und politische Umwälzungen und Revolutionen. Nicht zuletzt hatte Cassirer die Verkehrung der europäischen Kultur zum Holocaust der Nationalsozialisten zu verarbeiten.

2. Cassirers philosophische Anfänge im Marburger Neukantianismus

Der Name Ernst Cassirers wird heute nahezu automatisch mit der Programmatik einer Philosophie der symbolischen Formen assoziiert. Wörtlich ist damit zunächst einmal Cassirers dreibändiges Werk gleichen Namens gemeint, das in den Zwanzigerjahren publiziert wurde. Der erste Band von 1923 enthält eine Theorie der Sprache. Der zweite Band aus dem Jahr 1925 beschäftigt sich mit dem »Mythischen Denken«. Der dritte Band schließlich umkreist eine »Phänomenologie der Erkenntnis« und erschien 1929. In der Tat muss dieses dreibändige Werk als das Herzstück der cassirerschen Philosophie gelten. Es hat sich allerdings auch eingebürgert, die Philosophie Ernst Cassirers insgesamt als eine Philosophie der symbolischen Formen zu bezeichnen. In diesem Fall rechnet man seine spätere Philosophie – sagen wir: ab 1935 – dazu und meint ganz allgemein eine Kulturphilosophie auf transzendentalkritischer Basis, die an zentraler Stelle mit dem Symbolischen oder mit symbolischen Zeichen operiert.

Der größeren Genauigkeit wegen spreche ich von vier Phasen der Philosophie Cassirers. Eine erste, vom Neukantianismus geprägte Phase reicht bis etwa 1920: Seine Philosophie steht hier im Zeichen der Erkenntnistheorie. Darauf folgt die Ausarbeitung der Philosophie der symbolischen Formen, vor allem in den Zwanziger- und den beginnenden Dreißigerjahren. Es macht Sinn, von diesen beiden noch zwei weitere Phasen zu unterscheiden.

Etwa von 1935 an gab Cassirer seiner Symbolphilosophie sukzessive eine anthropologische sowie eine sozialphilosophische Wendung. Diese Phasen im Zeichen von Anthropologie und Sozialphilosophie fallen in sein letztes Lebensjahrzehnt und sind zeitlich nicht deutlich gegeneinander abzugrenzen. Auch trifft es zu, dass Cassirer die symboltheoretischen Grundlagen nicht mehr preisgibt.

Meine Darstellung orientiert sich an dem eben angedeuteten Schema. Das erste Kapitel wird den Erkenntnistheoretiker Cassirer vorstellen und jeweils schon Vorausverweise auf die Symboltheorie andeuten. Im Anschluss daran wird die von Cassirer bis zum Ende seines Lebens grosso modo nicht mehr preisgegebene »Systematik« der Philosophie der symbolischen Formen zu erörtern sein. Das dritte Kapitel stellt Cassirers Analysen zu Mythos und Sprache als Beispiel von symbolischen Formen in das Zentrum der Betrachtung. Die weiteren Kapitel gehen den Motiven nach, die zu einer anthropologischen und dann zu einer sozialphilosophischen Wende der Philosophie der symbolischen Formen geführt haben.

Cassirer begann, wie gesagt, nicht als Kulturphilosoph, sondern als Erkenntnistheoretiker. Die erste Phase seines Schaffens wie überhaupt seine philosophischen Anfänge weisen auf den Neukantianismus zurück. Es war der Marburger Schulzusammenhang, dem die ersten Schritte Cassirers verpflichtet waren. Was bezeichnet der Begriff des Neukantianismus und wie sind aus diesem Kontext heraus Cassirers erste Anfänge zu verstehen?

Vergegenwärtigen wir uns sehr summarisch die philosophische Szene in Deutschland im letzten Drittel des 19. und zu Beginn des 20. Jahrhunderts, denn in diese Zeit fällt die größte Wirksamkeit des Neukantianismus. Der Neukantianismus war, um es vorwegzunehmen, der Versuch, eine angemessene Antwort auf zwei grundlegende Probleme der zeitgenössischen Philosophie zu formulieren: die Krise des Idealismus und die Erfolge der Naturwissenschaften. Spätestens Mitte des 19. Jahrhunderts war das »Ende« der idealistischen Systeme eingeläutet. Die Systeme des deutschen Idealismus – für unsere Zwecke sind positionelle Differenzen zwischen Schelling, Hegel und Schopenhauer von keinem Belang – hatten versucht, das Ganze des Seins sowie die Stellung des Menschen darin aus einem einsichtigen Prinzip spekulativ zu erklären. Durch die Angabe eines Problemindexes sowie durch die Vermittlung mit grundlegenden Prinzipien sollte ein Phänomen gedeutet und umschrieben werden: Bei Hegel war es die Konzeption des absoluten Geistes, bei Schelling die Indifferenz von Natur und Geist, bei Schopenhauer war es der Begriff des Willens. Durch diese Prinzipien sollte die Welt im Ganzen begreifbar gemacht werden.

Seine Kritik am Philosophieren im System teilte der Neukantianismus mit Außenseitern der akademischen Philosophie. Um nur einige prägnante Beispiele dieser Art Kritik zu nennen: Ludwig Feuerbach (1804-1872) wandte sich gegen die Annahme Hegels, der zufolge die sinnliche Wahrnehmung des Menschen sowie seine leibliche Existenz ohne Rest in Geistiges aufgehoben werden könnten. Sören Kierkegaard (1813-1855) bezweifelte die mit dem Idealismus verbundene Annahme, dass die faktische Existenz des Menschen spekulativ in ein Integral der Versöhnung von »Ich« und »Welt«, von »Ich« und »Geschichte« aufgelöst werden könnte. Die dem Menschen nur allzu vertrauten Phänomene der Angst und der Verzweiflung entlarven in seinen Augen die auf Versöhnung setzende Philosophie als vordergründig. Mit Blick auf das faktisch bestehende soziale Unrecht und auf die permanent aufbrechenden ökonomischen Krisen kritisierten Karl Marx (1818-1883) und Friedrich Engels (1820-1895) den Idealismus hegelschen Zuschnitts als ideologische Feier des Bestehenden. Es gelte vielmehr, die Ansprüche der Philosophie auf eine durch Vernunft bestimmte Einrichtung der Welt zuallererst durch revolutionäre Praxis einzulösen. Friedrich Nietzsche (1844-1900) schließlich diagnostizierte die kulturellen Krisen der Zeit als aufbrechenden Nihilismus. Dieser Nihilismus war eine Konsequenz jener Metaphysik, mit der die idealistische Philosophie nur allzu willig paktiert hatte. Indikatoren wie diese inspirierten beispielsweise auch Karl Löwith zu seinem Buch *Von Hegel zu Nietzsche. Der revolutionäre Bruch im Denken des 19. Jahrhunderts* (1941). Die hier nur paradigmatisch genannten Denker waren – wie gesagt – Außenseiter und Gegner der akademischen Philosophie.

Die Neukantianer ihrerseits waren alles andere als blind gegenüber den sozialen und kulturellen Umbrüchen ihrer Zeit. Aber sie vollzogen keinen revolutionären Bruch der Philosophie. Man war eher reformistisch gestimmt. Eine der Gründergestalten des Marburger Neukantianismus, Friedrich Albert Lange (1828-1875), hatte eine, wenngleich kritische *Geschichte des Materialismus* (1865) verfasst und war auch persönlich einem undogmatischen Marxismus verbunden. Ähnlich lag die Sache bei Hermann Cohen (1842-1918), dem führenden Kopf der Marburger Schule. Er argumentierte zwar philosophisch gegen den Materialismus, trug aber zusammen mit Rudolf Stammler (1856-1938), Fritz Staudinger (1849-1921) und Karl Vorländer (1860-1928) wesentlich zu einer ethischen Begründung des Sozialismus bei. Politisch trafen sich die Neukantianer nicht mit dem orthodoxen Marxismus eines Karl Kautsky, wohl aber mit dem Revisionismus eines Eduard Bernstein.[5]

Der neukantische Impuls gegen die philosophischen Systeme des Idealismus blieb also primär eine innerakademische Angelegenheit. Man war kritischer Idealist, nicht Idealist pur sang. Aus der Sicht der Neukantianer waren die idealistischen Systeme philosophisch gescheitert, weil sie einem allzu schematischen Bild der Welt folgten. Hegel, Schelling und Schopenhauer hatten die Natur nur aus einigen wenigen Prinzipien erklären wollen. Sie hatten keinen Blick für die Vielfalt der Phänomene, wie sie von der aufblühenden Naturwissenschaft deutlich gemacht wurden.

Nach Auffassung der Neukantianer hat sich die Philosophie an den Ergebnissen der empirischen Naturwissenschaften auszuweisen und zu bewähren. Daher der Ruf »Zurück zu Kant«. Der auf Kant historisch folgende Idealismus Fichtes, Schellings, Hegels und Schopenhauers hatte die bei Kant noch deutliche Verbindung der Philosophie mit den empirischen Wissenschaften leichtfertig zerschnitten. Der Übergang von der Kritik der wissenschaftlichen Erkenntnis – allen voran der Mathematik und der Physik – zur Spekulation war im Hinblick auf seine Konsequenzen nicht durchdacht.

Im Bunde mit Naturwissenschaftlern wie Hermann von Helmholtz und Heinrich Hertz forderten die Neukantianer der Marburger Schule – neben den schon Genannten sind noch Otto Liebmann (1840-1912) und Paul Natorp (1854-1924) zu erwähnen – eine erneute systematische Lektüre Kants im Lichte der Ergebnisse der neueren Naturwissenschaften. Kant wird als Scheitelpunkt der modernen Philosophie gedeutet. Galilei, Descartes und Leibniz galten den Neukantianern als die wichtigsten Vordenker des kantischen Kritizismus. In der Antike war es Platon, nicht Aristoteles, der den kritischen Idealismus initiierte. In den Siebziger- und Achtzigerjahren des 19. Jahrhunderts hat Hermann Cohen zu den drei Kritiken Kants Kommentare geschrieben: *Kants Theorie der Erfahrung* (1871), *Kants Begründung der Ethik* (1877) und *Kants Begründung der Ästhetik* (1889). Damit war das Startzeichen für den Neukantianismus der Marburger Prägung gegeben.

Ernst Cassirer begann seine philosophische Laufbahn in der Schule von Hermann Cohen. Charakteristisch für Cohen war der Versuch, den Kritizismus Kants durch einen begründbaren Nachvollzug der naturwissenschaftlichen Erkenntnis zu erneuern. Das war programmatisch: Philosophie wird zur Erkenntniskritik. Sie soll etwas Drittes sein gegenüber dem früheren spekulativen System, aber auch gegenüber der immanenten Wissenschaftstheorie.

Cohens eigener Ansatz der Erkenntniskritik wird fassbar in seiner Schrift *Logik der reinen Erkenntnis* (1902). In der Entfaltung seiner philosophischen Systematik blieb Cohen am Vorbild Kants orientiert. Der *Logik der reinen Erkenntnis*, die im Seitenblick auf Kants *Kritik der reinen Vernunft* verfasst war, folgte als zweiter Systemteil eine *Ethik des reinen Willens* (1904). Die architektonische Parallele zu Kants *Kritik der praktischen Vernunft* ist nicht zu übersehen. Die spezifisch neukantische Verschiebung tritt jedoch sogleich zutage, wenn man bedenkt, dass es Cohen nicht allein um die Rechtfertigung der Moralphilosophie ging, sondern zugleich auch um die Grundlegung der Sozialwissenschaften. Leitend war hierbei die Disziplin der formalen Rechtswissenschaft: Ihre transzendentalkritische Begründung resultiert aus der Moralphilosophie. Beim dritten Teil von Cohens philosophischem System, der *Ästhetik des reinen Gefühls* (1912), gibt es keine Leitwissenschaft, an der sich die Philosophie methodisch orientieren kann, es ist vielmehr das Faktum des Kunstwerks selbst, nach dessen Bedingungen der Möglichkeit die Philosophie transzendentalkritisch zu fragen hat.

Mit diesen drei Büchern, die mehr waren als lediglich Kommentare zu den drei Kritiken Kants, hat der Marburger Neukantianismus ein eigenständiges Profil gewonnen: Die Erkenntniskritik hat einen deutlichen logischen und methodologischen Primat. Sie gewinnt ihr Profil in der Auseinandersetzung mit der natur- und der sozialwissenschaftlichen Erkenntnis. Erst auf der Basis der Erkenntniskritik können Ethik und Ästhetik erarbeitet werden.

Cassirers erstes Buch, *Leibniz' System in seinen wissenschaftlichen Grundlagen* (1902), bewegt sich noch vollständig im Bannkreis des Denkens seines akademischen Lehrers Hermann Cohen. Es geht gewissermaßen um die »Vorgeschichte« des kantischen Kritizismus. Selbstständige Akzente setzte Cassirer freilich schon mit *Substanzbegriff und Funktionsbegriff* (1910), applizierte er doch hier den neukantischen Denkrahmen auf die philosophisch noch unerschlossenen neuesten Ergebnisse der Mathematik und der Physik. Doch erst mit seiner *Philosophie der symbolischen Formen* erreichte er seinen eigenständigen Ansatz einer Kulturphilosophie, der Primat der naturwissenschaftlichen Erkenntnis entfällt. Cassirers Philosophie entfaltet sich in enger Tuchfühlung mit den »Geisteswissenschaften«, der Linguistik, der Ethnologie, der Literaturwissenschaft, der Psychologie einerseits, sowie mit den Naturwissenschaften, der Physik, der Mathematik, der Chemie, andererseits. An die Stelle der früheren Erkenntnistheorie tritt eine symbolische Bedeutungstheorie kultureller Objektivationen. Selbst hierbei sind freilich inhaltliche Rückbindungen zu dem Marburger Neukantianismus – nun vor allem in Gestalt von Paul Natorp – nicht zu übersehen. Natorps *Allgemeine Psychologie* (1912, erste Fassung 1888) ist zu nennen, geht es Natorp doch um eine Theorie des unmittelbaren Erlebens, welche alle Dimensionen der Subjektivität rekonstruktiv ausleuchtet.

Die Vorgaben des Marburger Neukantianismus hat der »reife« Cassirer in den Zwanzigerjahren definitiv hinter sich gelassen. Dies geschah nicht zuletzt auch deshalb, weil sich die ihn zunehmend interessierenden Probleme der Sprache sowie des mythischen Denkens nicht mehr in der von den Neukantianern favorisierten, systematischen Architektonik von Logik, Ethik, Ästhetik (oder in Natorps Worten: Theoretik, Praxis, Poiesis) unterbringen ließen[6], in der sich ja das Vorbild der drei Kritiken Kants spiegelt. Die Philosophie der symbolischen Formen erfordert jedenfalls ein anders geartetes, neues Bauprinzip.

Die Erneuerung der Philosophie im Zeichen Kants im auslaufenden 19. und zu Beginn des 20. Jahrhunderts fand ihren Niederschlag nicht allein in der Marburger Schule des Neukantianismus, sondern auch in der »Südwestdeutschen Schule«. Die Begründer dieser Schule waren vor allem Wilhelm Windelband (1848-1915) und Heinrich Rickert (1863-1936). Bei ihnen standen Fragen nach der »Logik« der Wissenschaften im Vordergrund. Windelband unterschied methodisch die »nomothetischen« Naturwissenschaften von den »idiographischen« Geschichtswissenschaften. In dem einen Fall gehe es um »Gesetzeswissenschaften«, im anderen um »Ereigniswissenschaften«: Universale Gesetze standen gegen individuelle Gestalten. Heinrich Rickert verfeinerte das begriffliche Instrumentarium der »Südwestdeutschen Schule«, indem er das spezifische Verfahren der Geistes- oder Kulturwissenschaften durch Rückgriff auf Überlegungen von Hermann Lotze als auf werthafte Sinnaspekte gerichtet charakterisierte. Den Geisteswissenschaftlern ist nur dasjenige erkennbar, was einen »Sinn« in sich trägt und daher als »wertvoll« zu kennzeichnen ist.[7]

Die Autoren der »Südwestdeutschen Schule« waren um eine »Logik« der Kulturwissenschaften bemüht. Das war zweifellos auch ein Programmpunkt des späten Cassirer, wenn man an sein Göteborger Buch *Zur Logik der Kulturwissenschaften* von 1942 denkt. Aber dort[8] wie auch im *Essay on Man* von 1944 (vgl. EM, 186, 196; VM, 284 f., 298) setzt sich Cassirer deutlich von Rickert und Windelband ab. Man muss daher festhalten, dass es sich eher um miteinander konkurrierende Entwürfe von Kulturphilosophie handelt. Die Denker der »Südwestdeutschen Schule« rückten die Kulturphilosophie in die Nähe der Geschichtsphilosophie. Cassirers Kulturphilosophie mit ihrem zentralen Begriff des Symbolischen dagegen will gerade ohne den Rekurs auf Geschichtsphilosophie auskommen. (Vgl. VM, 313 f.)

3. Von der Erkenntnistheorie zur Kulturphilosophie

Das philosophische Œuvre Ernst Cassirers zu verstehen heißt, interne Transformationen seiner Philosophie zu begreifen. Eine Facette dieses Vorgangs soll im Zentrum dieses Kapitels stehen, nämlich der Übergang von der Erkenntnistheorie zur Kulturphilosophie. Die Erkenntnistheorie ist eine Erfindung der Neuzeit. In ihr geht es um die Frage, wie einem erkennenden Subjekt objektiv gültige Erkenntnisse möglich sind. Dazu ist es erforderlich, dass der Mensch sich emanzipiert von Idolen (Bacon), von Vorurteilen (Holbach, Jaucourt), kurz: von Befangenheiten in Meinungen, die lediglich durch die Macht der Tradition gestützt werden (Descartes). Immer geht es um die Reinigung von Trübungen und Verstellungen des Denkens. Der neuzeitliche Mensch muss, will er zu sicheren und gewissen Erkenntnissen gelangen, die Tradition sowie individuelle Gewohnheiten des Denkens aufs Spiel setzen. Er muss zu einem unerschütterlichen Fundament, zu einem »fundamentum inconcussum«, wie Descartes sagt, gelangen. Das alltägliche Bewusstsein muss in sich selbst zu einer Schicht reinen und ursprünglichen Denkens vorstoßen.

Nun verhält es sich zweifellos so, dass die neuzeitliche Erkenntnistheorie in Atem gehalten wurde durch Fragen nach der Begründbarkeit der Naturwissenschaften. Die neuzeitliche Erkenntnistheorie war an das wissenschaftliche Erkennen gekoppelt. In der Perspektive Cassirers waren es vor allem Descartes und dann Leibniz, die die Erkenntnisproblematik im Lichte der neuzeitlichen Wissenschaften stellten und erörterten und so zu ihrer philosophischen Begründung beitrugen.

Leibniz' System in seinen wissenschaftlichen Grundlagen

Die erste Buchpublikation Cassirers, *Leibniz' System in seinen wissenschaftlichen Grundlagen* (1902), deutet Descartes von dessen 1628/29 vollendeten *Regulae ad directionem ingenii* her. Nicht in der »Erneuerung des Augustinischen Satzes von der Selbstgewissheit des denkenden Ich«, so sagt Cassirer wörtlich, sondern in der »Vertiefung, die er der mathematischen Naturwissenschaft und ihren Prinzipien und Methoden gegeben hat« (LS, 44), liegt Descartes' Bedeutung für die neuzeitliche Philosophie.

Der philosophische Diskurs Descartes' ist eng mit der Entfaltung der Wissenschaften verbunden. Als Vorbild und Ideal des Wissens fungiert die Geometrie. Wissenschaft entfaltet sich als ein systematisches Ganzes. Sie ist methodisch aufgebaut. Ihre Gegenstände ergeben sich gemäß der Einheit der Methode. (Vgl. LS, 5) Aufgrund von hypothetischen Voraussetzungen werden alle Gegebenheiten des Raumes konstruktiv erzeugt. Grundlegende Begriffe der Geometrie sind Größe, Dimension, damit Gleichartigkeit, Messbarkeit und Bewegung. (Vgl. LS, 9-14) Das geometrische Universum wird konstruktiv aus den elementaren Gegebenheiten der Punkte erzeugt. Die Zergliederung von komplexen Phänomenen in Elemente ist mit der dazu komplementären Funktion verknüpft, aus ihnen das Ganze synthetisch zu konstruieren. (Vgl. LS, 15)

Die Ausführungen Cassirers bewegen sich in neukantischen Bahnen, vor allem der Marburger Schule. An Cassirers akademischem Lehrer Hermann Cohen, aber auch an Paul Natorp ist seine Lektüre von Descartes orientiert. Das zeigt sich etwa am Gebrauch von Begriffen wie Methode, Erzeugung, Konstruktion. Aufgabe der Philosophie ist es, zur Begründung der Wissenschaften beizutragen. Auch Cassirers Ausführungen zu Descartes' Physik sind im Kern neukantisch. Danach muss der mathematisierte Naturkörper, d.h. der geometrisch ausgedehnte Körper, als Gegenstand der Physik gelten. Die erkenntnistheoretische Ausgangsfrage ist nicht, wie eine schon bestehende Wirklichkeit vom erkennenden Subjekt aufgenommen wird, sondern wie sich die Wirklichkeit vermöge der denkerischen Voraussetzungen zuallererst formt. Grundlegende Begriffe der cartesianischen Natur sind Ausdehnung, Bewegung, Kausalität, Wechselwirkung der Körper. (Vgl. LS, 19-32)

Die historische Schranke der cartesianischen Konzeption der Physik sieht Cassirer in der zweideutigen Stellung des Begriffs der Substanz. Einerseits erlaubt es die Bestimmung der Natur im Sinne einer ausgedehnten Substanz, zu einer Theorie der Bewegung der Naturkörper zu gelangen. Das ist gewissermaßen der progressive Gehalt. Andererseits aber verführt die Spaltung der Welt in die »res cogitans« und die »res extensa« dazu, die physikalische Wirklichkeit als ein Jenseits der Erfahrung zu überhöhen. Dem augustinischen Denkpfad folgend, fasst Descartes nämlich das Unendliche der Natur nicht als die Schranke der faktischen Erkenntnis, sondern als substanzielle Existenz sui generis, als Vollkommenheit der »realitas«. Die Vollkommenheit der »realitas« indessen kann nur als garantiert durch Gott gedacht werden. (Vgl. LS, 83) Hier mischt sich die mittelalterliche theologische Metaphysik ein bei dem Versuch, die Philosophie im Lichte der sicheren Erkenntnisse der Naturwissenschaften auf eine neue Grundlage zu stellen.

Während Descartes nicht immer vor dem Rückfall in Metaphysik gefeit war, gelang es erst Leibniz, die Philosophie in enger Tuchfühlung mit den modernen Wissenschaften zu entfalten.

Der Philosophie von Leibniz kommt Cassirer zufolge eine ganze Reihe von historischen und systematischen Verdiensten zu. Es ist zweifellos nicht übertrieben, wenn man sagt, dass Cassirer selbst in Leibniz eines seiner großen Vorbilder sah, neben Platon und Goethe, Galilei und natürlich Kant. Bis zuletzt finden sich jedenfalls bei Cassirer Spuren gerade von Leibniz und der Auseinandersetzung mit ihm. Wodurch ist Leibniz' Ausnahmestellung begründet?

Zunächst einmal arbeitet Leibniz Logik und Mathematik ineinander. Durch eine Kritik an der auf Aristoteles zurückgehenden Syllogistik reformiert Leibniz die Logik, indem er sie einerseits von ontologischen Implikationen befreit, andererseits die nominalistische Kritik verarbeitet und die Logik als an Zeichen gebundene Wissenschaft deutet. Die Logik wird zu einer Logik der Relationen im Sinne der Kombinatorik. Durch die Reform der Logik war der Weg frei, um die Geometrie neu zu begründen, indem diese von den Postulaten der Sichtbarkeit, wie sie durch Euklid fixiert waren, gereinigt wurde. Konkret zeigt sich das bei der »Analysis situs«, der geometrischen Topologie, der Lage der »Orte« also. Die Gegebenheiten der Geometrie werden nun vermöge eines arithmetischen Kalküls fassbar. Die Reform der Logik sowie die Grundlegung der Geometrie aus dem Geiste der Arithmetik schießen in einem Projekt zusammen, das Cassirer später immer wieder beschäftigen sollte, nämlich in der funktionalen Definition des Begriffs. Begriffe der Wissenschaften erfüllen ausschließlich einen funktionalen Sinn. Dadurch werden sie ablösbar von dem alten Junktim mit einer Ontologie der substanziellen Formen. (Vgl. LS, 154 ff.)

Überdies bahnt Leibniz neue Wege bei der Interpretation von Raum und Zeit. Der Bruch mit Aristoteles' Deutung des Raums im Sinne eines dinglichen Behälters führt zur relationalen Definition: Der Raum ist ein koordinierendes Schema des formalen

Beieinanders. Descartes hatte den Raum lediglich als temporalen Punkt interpretiert und ihn damit im Grunde als zeitlos gedacht, d.h. als unabhängig von zeitlichen Bestimmungen. Leibniz dagegen schlägt eine Brücke zwischen Raum und Zeit. Die Zeit ist das formale serielle Gefüge des Nacheinanders, das aber zu seiner eigenen Entfaltung auf das Beieinander des Raums verweist.

Schließlich ist für Leibniz der Begriff der Kraft das organisierende Zentrum, welches es erlaubt, das »Sein« der Realität wissenschaftlich zu erfassen. Die idealen Formen des Raums und der Zeit werden im Begriff der Kraft zur Realität transformiert. Cassirer wird nicht müde zu unterstreichen, dass der Begriff der Kraft nicht als eine metaphysische Größe, gewissermaßen als der »Erste Beweger« der aristotelischen Tradition, verstanden werden darf. Vielmehr sei der Begriff der Kraft das Prinzip, das es gestatte, die Realität als Erscheinungswelt zu entziffern. Daher sind auch die anlagernden Begriffe, etwa die Kausalität und der Erhalt der Energie, als Grundbegriffe der Dynamik zu deuten. Sie formulieren Prinzipien der empirischen Forschung. Begriffe sind keine Derivate oder Ablagerungen von sinnlichen Beobachtungen, sie sind der ermöglichende Grund von naturwissenschaftlichen Erkenntnissen. Begriffe sind Schlüssel, durch die wir »Erscheinungen buchstabieren, um sie als Erfahrung lesen zu können«, wie man mit Kant formulieren kann. (Vgl. LS, 324 ff.)

An diesem Punkt angelangt, ist allerdings zu fragen: Wo bleibt in dieser Perspektive Leibniz als Autor von Werken wie der *Monadologie* und der *Essais de théodicée*? Gelten diese beiden Bücher doch als die »metaphysischsten« Werke von Leibniz. Wie wird Cassirer mit dem Metaphysiker Leibniz fertig?

Cassirers Antwort kann man unter vier Aspekten skizzieren. Erstens: Thema der *Monadologie* – zweifellos ein bekanntes Werk – ist die Problematik des Individuums bzw. des Individuellen. Diese Problematik lässt sich zunächst aus der Perspektive wissenschaftlicher Immanenz rekonstruieren als die Frage nach der spezifischen und durchgängigen Bestimmtheit von Phänomenen. Jede wissenschaftliche Erkenntnis zielt stets auch auf das Singuläre ab. Des Singulären indessen kann der erkennende Geist nur habhaft werden, indem er es im Lichte allgemeiner Gesetze analysiert; denn die Gesetze sind die vorgängigen Bedingungen bei der Konstruktion der Wirklichkeit und bei der nachfolgenden Bestimmung individueller Phänomene.

Zweitens: Dem Problem einer Logik des Individuellen lassen sich außerdem sowohl das Ästhetische als auch das Ethische subsumieren, wobei das Ästhetische vom »Gefühl« der Gestimmtheit einer Subjektivität zur Erkenntnis überhaupt handelt. Thema des Ethischen ist die moralische Person. Der Begriff der moralischen Person wiederum ist nicht zu trennen von dem des Individuums bzw. individueller Verantwortung, Verpflichtung usw. Der *Monadologie* ist nun aber nicht allein das Problem einer Logik des Individuellen zuzuordnen, sondern auch die Schwierigkeit einer »überschwänglichen« Erkenntnis, mit Kant gesprochen: der intellektuellen Anschauung bzw. des »intellectus archetypus«. Zwei Linien der Interpretation zeichnen sich in diesem Zusammenhang ab. Einerseits – so sagt Cassirer – eröffnet sich die Möglichkeit, die fragliche Position als das Regulativ der gegenständlichen Erkenntnis zu deuten. In einem solchen Falle liest man Leibniz in der historischen Perspektive des transzendentalen Kritizismus Kants. Andererseits jedoch findet sich bei Leibniz bisweilen ein Rückfall in die spekulative Theologie. Dann fungiert Gott als die zentrale Monade.

Drittens: Die Problematik des Individuellen kann aber auch die Selbstgegebenheit des »Ich« meinen. In diesem Fall geht es um den Modus, in dem eine denkende Substanz sich selbst erfährt. (Vgl. LS, 394-400) Leibniz führt hier insofern eine konzeptionelle Neuerung ein, als er eine Harmonie von Körper und Seele unterstellt. Ein späterer Reflex dieser Annahme zeigt sich noch in Kants Differenzierung eines »Reiches der Natur«, dem das »Reich der Zwecke« entspricht.

Viertens: Mit der Thematik einer »Monadologie« versucht Leibniz schließlich das Individuelle als abgegrenzt gegen die biologische Gattung zu denken. So gesehen geht es ihm mit seiner »Monadologie« darum, einen Begriff des Organismus der Natur zu gewinnen. Cassirer zufolge bewegen sich die Denkversuche von Leibniz auf der Bahn einer Integration von Gesichtspunkten der genetischen Evolution von Organismen und solchen des aggregativen Systems der organischen Natur.

Cassirers Darstellung liest Leibniz – das dürfte deutlich geworden sein – durchgängig aus neukantischer Perspektive. Der Akzent liegt auf Leibniz als einem Wissenschaftsphilosophen. Hier spiegelt sich Cohens Primat der Erkenntniskritik: Erst nach der Klärung der wissenschaftlichen Erkenntnis folgt die Rekonstruktion dessen, was als Leibniz' System gelten mag. Diese rekonstruierende Arbeit, Cassirers eigentliche intellektuelle Leistung, ist am Leitfaden der drei Kritiken Kants orientiert. Es fällt auf, dass Cassirer zwar durchaus einen Blick für die Sozialphilosophie und die Gesellschaft sowie für das Recht (vgl. LS, 425 ff.) und die Ästhetik (vgl. LS, 458 ff.) hat, er aber andererseits noch keine Sensibilität für die Sprachphilosophie und die daran geknüpften Fragen der Semiotik bei Leibniz entwickelt. Ganz im Sinne Cohens wird Leibniz' Religionsphilosophie systematisch auf Moralität und Ethik reduziert.

Substanzbegriff und Funktionsbegriff

Für ein intellektuelles Porträt des Erkenntnistheoretikers Ernst Cassirer ist es unerlässlich, sein Buch *Substanzbegriff und Funktionsbegriff* (1910) näher zu analysieren. Dieses Buch war das erste systematische Werk Cassirers. Der Sache nach geht es um eine Kritik der klassischen, auf Aristoteles zurückgehenden Begriffstheorie. Diese Theorie ließ sich von der Annahme leiten, dass die Funktion von Begriffen darin bestehe, das Wesen der Dinge, ihre »substanziellen Formen« zu enthüllen. Die Wirklichkeit stellt sich dem forschenden Geist als eine in sich gegliederte Mannigfaltigkeit von Dingen dar. Zu allgemeineren Bestimmungen von den Dingen und den Ereignissen gelangt man dadurch, dass man durch Vergleich und Unterscheidung die den Dingen gemeinsamen Merkmale und Kennzeichen herausschält. Zu logisch universellen Begriffen steigt man auf, indem man durch Abstraktion allgemeinste Merkmale isoliert. Die Bildung von Begriffen orientiert sich am Leitfaden der natürlichen Ordnung der seienden Dinge, die uns aus dem alltäglichen Umgang mit diesen Dingen vertraut ist.

Aber hier zeigt sich sogleich eine Schwierigkeit. Die für die Abstraktion leitenden Gesichtspunkte entspringen nicht dem abstrahierenden Verfahren selbst; vielmehr macht man Anleihen bei logisch nicht ausgewiesenen Denkweisen. Die klassische Begriffstheorie des Aristoteles rekurriert stillschweigend auf eine Ontologie der substanziellen Formen. Außerdem zeichnet sie unter den Relationen nur eine einzige Beziehung aus, nämlich diejenige von Substanz und Akzidens. (Vgl. SuF, 21) Schließlich führt die auf dem Verfahren der Abstraktion beruhende Theorie zu einem unangenehmen Resultat: Die universellsten Bestimmungen sind zugleich als die inhaltsleersten zu werten. Das Ziel der abstrahierenden Tätigkeit ist die definitorische Bestimmung des Etwas überhaupt. Daraus ergibt sich in der Folge das Problem, das Besondere und Singuläre wieder aus dem Allgemeinen herleiten zu müssen. (Vgl. SuF, 24 f.)

In der Sicht Cassirers hat die neuzeitliche Theorie der Wissenschaften, für die Descartes und Leibniz historische Beispiele sind, das vormalige Junktim zwischen der Wissenschaft und der Ontologie der substanziellen Formen aufgelöst. Wie wir schon sahen, besteht die Funktion von Begriffen darin, ein konstruktives Schema bereitzustellen, das es erlaubt, die Wirklichkeit zu erkennen. Begriffe können – so sagt Cassirer ganz kantisch – nicht demjenigen Gegenstandsbereich entnommen werden, den sie erklären sollen. Mit Begriffen wird eine Gegenständlichkeit erst konstituiert. Das bedeutet auch, dass Begriffe niemals ganz mit der formalen Logik zusammenfallen und aus ihr zu schöpfen sind. In den Begriffen liegt vielmehr ein überschießendes Moment, durch das eine wissenschaftliche Gegenständlichkeit zuallererst gesetzt wird.

Wissenschaftliche Begriffe stehen nicht unverbunden nebeneinander, sie formen ein Geflecht. Begriffe treten zu Reihen zusammen. Erst das Ensemble von Begriffen erschließt eine Region der Wirklichkeit. In seinem Werk *Substanzbegriff und Funktionsbegriff* hat Cassirer diesen Sachverhalt an der neueren Geschichte der Mathematik und der Naturwissenschaften demonstriert und erläutert. Der Einfachheit halber beschränke ich mich auf die Physik.

Die neuzeitliche Physik, sagen wir seit Galilei und Bacon, hatte sich die Aufgabe gestellt, eine von allen metaphysischen Voreingenommenheiten befreite Theorie der Natur zu entwerfen. Das natürliche Seiende sollte nicht einfach aus obersten Begriffen deduziert werden, sondern der unbefangene, von Traditionen nicht getrübte Blick hatte die Natur zu enthüllen. An die Stelle von unnützen philosophischen Spekulationen über die Natur trat das Ideal der reinen Beschreibung, oder wie Bacon sagt, die Phänomenologie der Natur.[9] Es zeigte sich indessen, dass die physikalische Beschreibung des Gegebenen nur machbar ist, wenn sie in die Symbolsprache der Mathematik umgeformt wird. Der Natur wurde, wie Edmund Husserl in seiner Schrift *Die Krisis der europäischen Wissenschaften und die transzendentale Phänomenologie* von 1936 sagen sollte, das »Ideenkleid« der Mathematik übergeworfen.[10] Bei Cassirer liest sich das 1910 noch so: »Auch diejenige Form der Erkenntnis, der die Aufgabe zufällt, das Wirkliche zu beschreiben und bis in seine feinsten Fasern bloßzulegen, beginnt mit einer Abkehr von dieser Wirklichkeit und ihrem Ersatz durch die Symbole des Zahl- und Größengebiets.« (SuF, 135)

So lässt sich etwa die Bewegung eines Körpers physikalisch nur dann erfassen, wenn sie in abstrakten, von allen lebensweltlichen Konnotationen gereinigten Raum- und Zeitbestimmungen numerisch ausgedrückt wird. Der bewegte Körper wird zum Gegenstand der Physik, indem er von seiner Umgebung isoliert und als »starrer« Körper in einem Kontinuum von Raum- und Zeitstellen identifiziert wird. (Vgl. SuF, 158 f.)

Methodisch gesprochen: Schon dann, wenn es um ganz elementare Formen der naturwissenschaftlichen Erkenntnis geht, ist die Mathematik im Spiel. Die der mathematischen Sphäre inhärente funktionale Begriffssprache (vgl. SuF, 36 ff.) überträgt sich auch auf die Physik. Das natürliche Seiende wird zum Gegenstand der Physik in dem Maße, in dem es durch das Nadelöhr der mathematischen Begriffssprache hindurchgegangen ist.

Nun muss man jedoch beachten, dass alles Zählen und alles Messen dem Interesse folgt, den Bestand an Theorien zu erweitern, zu verfeinern und zu korrigieren. Erst diese Perspektive verleiht dem Zählen und dem Messen seinen funktionalen Sinn. (Vgl. SuF, 189) Selbst die Zeitmessung setzt theoretische Annahmen der Mechanik voraus, etwa diejenige, dass Körper bei gleichen

Antriebs- und Bewegungsbedingungen gleiche Wegstrecken zurücklegen. (Vgl. SuF, 192) Allgemeiner gesprochen: Messungen und Experimente werden unternommen, um Hypothesen und Gesetze zu verifizieren, zu falsifizieren oder zu meliorisieren (d.h. zu verbessern). Die Gesetze entspringen nicht automatisch den Tatsachen, sondern werden erst im Lichte von theoretischen Annahmen und Prinzipien gewonnen. Letztere können rückwirkend modifiziert werden.

Dabei gilt ganz allgemein, dass physikalische Begriffe nicht einzeln eine Wirklichkeit beschreiben, sondern dass die Begriffe Geflechte, oder wie Cassirer immer wieder sagt, Reihen formen. Das Ensemble der Begriffe, nicht singuläre Begriffe, beschreibt die physikalischen Erfahrungen korrekt. (Vgl. SuF, 193 f.) Die physikalische Erkenntnis ist ein dynamischer Vorgang, der durch die, wie es später bei Cassirer heißen wird (PSF III, 538 f.), »Trias« von Maßaussagen, Gesetzesaussagen und Prinzipienaussagen gesteuert und strukturiert wird. Die Maßaussagen verweisen auf die Gesetzesaussagen; diese wiederum stehen im Lichte von Prinzipienaussagen. Die Prinzipien bilden das dynamische Zentrum bei der Entwicklung von wissenschaftlichen Theorien.[11]

Im Lichte der neueren Wissenschaftsgeschichte wird für Cassirer jede Art von Metaphysik der Erkenntnis fragwürdig. Darunter ist eine Position zu verstehen, die den Erkenntnisprozess in letzte Bausteine zerlegen will. So gilt etwa für das Problem der Induktion, auf die sich eine empiristische Theorie der Erkenntnis zumeist zu berufen pflegt: Das Geheimnis der Induktion liegt nicht erst dort, wo aus einer Vielheit von Beobachtungen auf die Allheit der Fälle geschlossen wird. Vielmehr ist schon bei der Feststellung eines Einzelfalls das Problem der Induktion zu suchen. (Vgl. SuF, 326) Denn solche Festsetzungen vollziehen sich immer schon im Lichte allgemeiner und universeller Bestimmungen.

Alle empirische Wissenschaft vereinigt in sich, wie Cassirer mit Galilei festhält, eine »resolutive« Komponente, d.h. die analytische Zergliederung eines komplexen Phänomens in elementare Bestandteile, und eine »kompositive« Komponente, d.h. die synthetische Verknüpfung von Teilsystemen zu einem Ganzen. (Vgl. SuF, 340) Resolution und Komposition sind ebenso komplementär aufeinander bezogen wie Induktion und Deduktion. Die Naturforschung zielt auf die Erkenntnis von Konstanten, die in anderen Zusammenhängen wiederum als Variablen fungieren können. (Vgl. SuF, 351 f.) Cassirer schildert, so ließe sich das bisher Ausgeführte resümieren, die Naturerkenntnis der Physik als das dynamische Zusammenspiel von einander funktional zugeordneten Operationen: Induktion und Deduktion, Variable und Konstante, Resolution und Komposition sind Faktoren, die einander wechselseitig fordern und bedingen.

Zum besseren Verständnis der Transformation der cassirerschen Philosophie von der Erkenntnistheorie zur Kulturphilosophie scheint es sinnvoll, an dieser Stelle zwei Problembereiche eingehender zu betrachten. Durch sie wird der Ansatz einer *Philosophie der symbolischen Formen* als eine mögliche methodische Konsequenz aus dem in *Substanzbegriff und Funktionsbegriff* entworfenen Rahmen einsehbar. Die Rede ist von Cassirers Theorie der Erfahrung sowie von dem Problem der Einheit von Denken und Sein.

Cassirers Studie über *Substanzbegriff und Funktionsbegriff* führt den Untertitel *Untersuchungen über die Grundfragen der Erkenntniskritik*. Das ist bereits als Hinweis zu sehen, dass es Cassirer nicht nur um Wissenschaftstheorie und Wissenschaftsgeschichte geht. Im Zentrum seiner philosophischen Überlegungen steht eine kritische Theorie der Erfahrung. Der lebendige Strom der Erfahrung, so setzt Cassirer mit seinen Reflexionen an, ist frei von allen polaren Entgegensetzungen und Dichotomien, wie Subjekt und Objekt, Innenwelt und Außenwelt. Erfahrend meinen wir lediglich Daseiendes zu erfassen. Vergangenheit und Gegenwart erscheinen noch gleichsam auf ein und derselben funktionalen Ebene. (Vgl. SuF, 360 f.) Erst die logische, nachträgliche Reflexion bricht die Einheit der Erfahrung auf, indem sie nach dem Wert einzelner Elemente der Erfahrung fragt, etwa nach dem Wert der Wahrnehmung für die Erfahrung insgesamt.

Cassirer projektiert freilich die wissenschaftliche Erfahrung noch als das Telos der Erfahrung schlechthin. (Vgl. SuF, 367) Die Annahme einer Pluralität von Erfahrungsmodalitäten ist erst eine Einsicht der Kulturphilosophie. Dennoch fällt auf, dass die ursprüngliche Einheitlichkeit der Erfahrung später im Mythos erneut aufscheint, charakterisiert Cassirer doch die mythische Erfahrung, wie noch gezeigt werden soll, als eine Indifferenz. Das Ausdrucksverstehen ist als Einheit von »Ich« und »Welt«, von »Innen« und »Außen« zu sehen.

In *Substanzbegriff und Funktionsbegriff* ist Cassirer zunächst jedoch auf dem Wege zu einer funktionalen Theorie der Erfahrung. Begriffe wie »Wirklichkeit« oder »Objektivität« sind sinnvoll nur innerhalb bestimmter Erfahrungsbereiche zu gebrauchen. Zwei Aspekte sind in diesem Zusammenhang wesentlich. Einerseits ergeben sich erst innerhalb eines gegliederten Systems inhaltliche Ausdifferenzierungen: »Es ist [...] die logische *Differenzierung* der Erfahrungsinhalte und ihre Einordnung in ein gegliedertes System von Abhängigkeiten, was den eigentlichen Kern des Wirklichkeitsbegriffs bildet.« (SuF, 371) Andererseits – und damit ist eine theoretische Voraussetzung des späteren Symbolbegriffs berührt – denkt Cassirer das Verhältnis von Einzelerfahrung und Totalität der Erfahrung als Repräsentation. (Vgl. SuF, 373 ff.) Das »Einzelne« steht im Umkreis eines »Systems«, auf das es verweist und das es repräsentiert. Dieses Verhältnis ist nicht als Assoziation zu interpretieren, sondern im Sinne des logischen Reihenprinzips.

Mit dem Problem der Einheit von Denken und Sein sind Fragen nach der Geltung der Logik und ihrer Prinzipien angesprochen. Die Geltung der Logik kann weder unabhängig von der subjektiven Tätigkeit gedacht werden, in der sie in Erscheinung tritt, wie Bertrand Russell es wollte (vgl. SuF, 413 ff., 419 ff.), noch kann man ihre Geltung instrumentalisch im Sinne John Deweys (vgl. SuF, 422-426) verstehen. In dem einen Falle wird die Temporalisierung und Subjektivierung der Logik verfehlt, im anderen Falle wird die Erkenntnis lediglich als perspektivische Projektion gedacht.

Cassirer arbeitet dagegen mit zwei Prinzipien, die dem Instrumentalismus von Dewey entgegengesetzt sind, aber den Pragmatismus von Charles Sanders Peirce berühren. Die Einheit von Denken und Sein ist letztlich fundiert in dem Prinzip der Konvergenz der Reihe und in dem Prinzip der Kontinuität der Erfahrung. (Vgl. SuF, 426 f.) Nicht der Maßstab einer von Erkenntnisrelationen unabhängigen äußeren Realität verbürgt die Triftigkeit von Theorien, sondern deren eigene innere Kohärenz. Diese bemisst sich vor allem an der korrekten Verarbeitung des Tatsachenmaterials. Die Konvergenz der Reihe ist indessen stets eine projektierte Einheit. Sie wirkt als regulatives Prinzip im Sinne Kants. Theorien stoßen an Grenzen; diese sind aber nie ganz willkürlich, sondern zumeist historisch und systematisch motiviert. Die dynamische Entwicklung der Theorien wird durch das Prinzip der Kontinuität der Erfahrung gesichert. Obwohl die Erfahrung prinzipiell unabschließbar ist, muss doch in jedem historischen Moment ihre systematische Einheit gesucht werden. Bezüglich der astronomischen Theorien sagt Cassirer unmissverständlich: »Kein *einzelnes* astronomisches System, das Kopernikanische sowenig wie das Ptolemäische, sondern erst das Ganze dieser Systeme, wie sie sich gemäß einem bestimmten Zusammenhang entfalten, darf uns [...] als Ausdruck der ›wahren‹ kosmischen Ordnung gelten.« (SuF, 427)

Nimmt man beide Prinzipien zusammen, so kann man sagen: Was die Realität im Ganzen ist, können wir nie mit vollständiger Sicherheit sagen; denn dies setzte voraus, dass die systematische Einheit der Erfahrung etwas positiv Gegebenes wäre. Andererseits haben wir mit allen triftigen Theorien immer schon ein Stück der Realität zu fassen. Theorien können immer wieder partiell falsifiziert und damit meliorisiert werden. Im Ganzen gehen sie jedoch nie völlig in die Irre. Cassirers Prinzip der Konvergenz der Reihe entspricht dem peirceschen Prinzip des »consensus omnium«, dem Konsens der Forscher, der sich einstellen würde, wenn die Forschung über ein bestimmtes Problem zu einem glücklichen Abschluss gekommen wäre. Dann ließe sich so etwas wie die »ultimate opinion« formulieren. Dieser Gedanke ist eine Parallele zu Cassirers Einheit der Erfahrung. Erst die »ultimate opinion« bildet das Sein der Welt adäquat ab. Der »consensus omnium« ist zwar nicht erreicht, und unter endlichen Bedingungen der Erkenntnis nicht erreichbar, aber jeder faktisch erzielte Konsens, den die Gemeinschaft der Forscher artikuliert, offenbart immer schon ein Stück von ihm.

Philosophie der symbolischen Formen

In der Einleitung zum ersten Band von Cassirers *Philosophie der symbolischen Formen* (1923) finden sich die folgenden Sätze: »Neben der reinen Erkenntnisfunktion gilt es, die Funktion des sprachlichen Denkens, die Funktion des mythisch-religiösen Denkens und die Funktion der künstlerischen Anschauung derart zu begreifen, daß daraus ersichtlich wird, wie in ihnen allen eine ganz bestimmte Gestaltung nicht sowohl *der* Welt, als vielmehr eine Gestaltung *zur* Welt, zu einem objektiven Sinnzusammenhang und einem objektiven Anschauungsganzen sich vollzieht.

Die Kritik der Vernunft wird damit zur Kritik der Kultur. Sie sucht zu verstehen und zu erweisen, wie aller Inhalt der Kultur, sofern er mehr als bloßer Einzelinhalt ist, sofern er in einem allgemeinen Formprinzip gegründet ist, eine ursprüngliche Tat des Geistes zur Voraussetzung hat.« (PSF I, 11)

In diesen Sätzen kommt Ernst Cassirers Wende von der Erkenntnistheorie zur Kulturphilosophie zum Ausdruck. Ihre Motive finden sich in nuce bereits in den Werken *Zur Einsteinschen Relativitätstheorie* (1921) und *Idee und Gestalt* (1921). Angesichts der einsteinschen Relativitätstheorie fordert Cassirer von der systematischen Philosophie eine Berücksichtigung und relationale Betrachtung aller »symbolischen Formen«, nicht bloß der Wissenschaften.[12] Auch anlässlich einer Würdigung von Goethes Konzeption der Natur, die quer zum herrschenden newtonschen Naturbegriff steht, findet sich bei Cassirer die Forderung nach einer Analyse aller Formen, in denen sich eine Spontaneität des menschlichen Geistes bekundet.[13] Was hat es damit auf sich?

Zunächst einmal geht es um das vollständige Ausspielen der schon von Kant geforderten kopernikanischen Wende der Philosophie. Kant hat in seiner *Kritik der reinen Vernunft* von der Philosophie verlangt, sie müsse auf den »stolzen Namen« einer »Ontologie« verzichten und stattdessen mit einer »Analytik des reinen Verstandes« (A 247/B 303) beginnen. Statt eine Lehre vom »Sein« zu bieten, müsse die Philosophie sich mit der Frage nach den Bedingungen der Möglichkeit einer Erfahrung von »Sein« bescheiden. Faktisch jedoch hat der historische Kant noch die wissenschaftliche Erkenntnis und die diskursive Urteilsform als maßgebende Normen favorisiert. Das zeigt sich nicht zuletzt in der *Kritik der Urteilskraft*, wo er die Ästhetik auf die Frage nach dem Geltungssinn von ästhetischen *Urteilen* reduziert. Dass Kant der Sache nach noch etwas anderes tut, steht auf einem anderen Blatt.

Der Neukantianismus Marburger Prägung hat sich, dem Muster der drei Kritiken Kants noch folgend, auf die transzendentalkritische Analyse der mathematischen Naturwissenschaften, der Ethik und der Ästhetik konzentriert. Indem Cassirer mit »Kultur« den Mythos, die Sprache, die Kunst, die Religion, die Technik, die Sitte, das Recht usw. meint, radikalisiert er neukantianische Impulse und überschreitet damit zugleich den Denkhorizont des Neukantianismus.[14] Zwar folgt Cassirer zunächst neukantianischen Denkbahnen, wenn er das Faktum der Kultur konstatiert, zugleich aber nach den Bedingungen der Möglichkeit dieses Faktums fragt. Cassirer verlängert indessen neukantianische Motive, wenn er davon ausgeht, dass Kant die menschliche Erfahrung korrekt konzeptualisiert hat. Kant tat dies mit der Unterstellung, dass unser Vermögen zu Anschauungen, also die Sinnlichkeit, und unser Vermögen zum reinen Denken, d.h. Verstandesbegriffe bzw. Kategorien, an den menschlichen Erfahrungen beteiligt sind.

Kant hat aber, so Cassirer (vgl. PSF I, 29 ff.; PSF II, 78), den Umstand nicht systematisch berücksichtigt, dass die Kategorien und die Formen der Anschauung eine dem jeweiligen Sinngebiet entsprechende Färbung oder Tönung annehmen. Man muss daher, so lautet ein wichtiger Grundsatz Cassirers, davon ausgehen, dass die »Qualität« der kategorialen Formen gleich ist; denn die menschliche Erfahrung ist von einheitlicher Natur. Es wandelt sich indessen die »Modalität« der Formen, durch die wir unsere Erfahrungen organisieren. Der mythisch erfahrene Raum ist stets ein sinnerfüllter, konkreter Raum. Der geometrische Raum dagegen ist ein abstraktes, homogenes Kontinuum, das beliebig zerteilbar ist.

Nicht zuletzt ist in der Sicht Cassirers das für Kants Philosophie so entscheidende Wechselpaar von Sinnlichkeit und Verstand unbestimmt geblieben. Kant rechnet faktisch nur mit dem diskursiven Denken in Begriffen einerseits und mit der reinen

Anschauung andererseits. Die Dichotomie von Sinnlichkeit und begrifflichem Denken muss daher dem erweiterten Begriffspaar von Sinnlichkeit und Sinn Platz machen. Der Begriff ist nur *eine* Ausfüllung des Begriffs »Sinn« unter anderen möglichen. Die auf die Wissenschaften fixierte Philosophie als Erkenntniskritik wird zur Kulturphilosophie erweitert, die vom Problem des Sinns und der Bedeutung ausgeht. Sprachliche Bedeutungen oder mythischer Sinn können nicht geklärt werden, indem man wissenschaftliche Rationalität als normativen Maßstab handhabt.

Für die Fassung dieses Problems, d.h. des Sinnproblems, empfahl sich Cassirer der Begriff des Symbols. Mit ihm griff er Anregungen von solch unterschiedlichen Denkern wie dem Neuhegelianer Friedrich Theodor Vischer, der eine Ästhetik im Zeichen des Symbolbegriffs forderte (vgl. STS, 1), dem Physiker Heinrich Hertz, der den Begriff des Symbols für das funktionale Verständnis der Begriffe der Mechanik einführte (vgl. PSF I,5 ff.), und dem Naturforscher Hermann von Helmholtz auf, der die Relation von Empfindung und Objekt als eine symbolische Zeichenrelation deutete (vgl. PSF III, 378 ff.).

Nun kann das rhapsodische Aufgreifen von Begriffen philosophisch freilich nicht überzeugen. In der Philosophie muss es vielmehr darum gehen, den Begriffen eine systematische Leistung abzuverlangen. Es ist daher zu fragen: Welches Vorhaben verfolgt Cassirer mit dem für seine Philosophie so zentralen Begriff des Symbols? Was sind dessen Merkmale und Bestandteile? Wie kann der Begriff des Symbols zum Schlüsselbegriff einer Philosophie werden, die sich als Kulturphilosophie versteht?

4. Die Systematik der Philosophie der symbolischen Formen

Die zentrale Intention der Kulturphilosophie Cassirers, die auf den Grundbegriffen der *symbolischen Form* und der *symbolischen Prägnanz*[15] basiert, ist es, die verschiedenen Weisen der menschlichen Erfahrung als Modalitäten bzw. Typen von symbolischer Aktivität zu rekonstruieren. Mit »symbolischer Aktivität« ist gemeint: Alle menschliche Erfahrung kann man als Sinngebung innerhalb eines sinnlichen Substrats begreifen. 1929 beschreibt Cassirer dies im Rückblick auf seine schon ein Stück weit entfaltete Philosophie der symbolischen Formen: »Wir versuchten mit ihm [dem Symbolbegriff] das Ganze jener Phänomene zu umfassen, in denen überhaupt eine wie immer geartete ›Sinnerfüllung‹ des Sinnlichen sich darstellt; – in denen ein Sinnliches, in der Art seines Daseins und So-Seins, sich zugleich als Besonderung und Verkörperung, als Manifestation und Inkarnation eines Sinnes darstellt.« (PSF III, 109)

Beim Symbolischen sind demnach, Cassirer zufolge, Sinn und Sinnlichkeit in der Weise vereinigt, dass im Sinnlichen zugleich Sinn gegeben ist. Aller Sinn muss sich im Medium des Sinnlichen darstellen und verkörpern. Andererseits heißt das aber auch, dass sich das Sinnliche nur bemerkbar macht, wenn es mit Sinn aufgeladen ist. Die antinomische Entgegensetzung von lediglich passiver Sinnlichkeit und aktiver geistiger Sinngebung, aus deren Bann selbst Kant kaum ausbrach, ist im Ansatz überwunden.

Cassirer arbeitet mit dem Konzept der *symbolischen Prägnanz.* Damit wird die Philosophie zu einer Theorie des »Sinns« bzw. zu einer universellen Theorie der Bedeutung transformiert. Cassirers Definition von »symbolischer Prägnanz« lautet: »Unter ›symbolischer Prägnanz‹ soll [...] die Art verstanden werden, in der ein Wahrnehmungserlebnis als ›sinnliches Erlebnis‹ zugleich einen bestimmten nicht-anschaulichen ›Sinn‹ in sich befaßt und ihn zur unmittelbaren konkreten Darstellung bringt.« (PSF III, 235) Krois nennt dieses Konzept der symbolischen Prägnanz zu Recht »das Transzendentale in Cassirers Philosophie«[16]. Was hat es damit auf sich?

Mit dem Begriff »Prägnanz« ist zunächst einmal eine Verbindung zur Gestaltpsychologie gegeben. Diese deutet die menschliche Wahrnehmung als eine Organisation des Wahrnehmungsfeldes (Figur-Grund; gute Gestalt etc.). Die Pointe dabei ist, dass der Mensch seine Wahrnehmungswelt immer schon organisiert und strukturiert hat. Stets liegt dem eine Aktivität zugrunde, die mehr ist als das bloße Wirken oder die bloße Reproduktion von biologischen Gesetzen. Zugleich aber ist der eigentümliche Aufbau von Gestalten nicht das Resultat von intellektuellen Akten. (Vgl. PSF III, 274 f.) »Prägnanz« muss also verstanden werden als Prägung oder als Formung. »Symbolische Prägnanz« meint dann soviel wie die Artikulation einer Erfahrung: Allen menschlichen Erfahrungen liegen Erlebnisse der symbolischen Prägnanz zugrunde.

Die »symbolische Prägnanz« muss als ein relationaler Begriff verstanden werden. Das Maß der Genauigkeit einer artikulierten Erfahrung hängt von dem jeweiligen symbolischen Medium ab. Darüber hinaus meint »Prägnanz« soviel wie Fruchtbarkeit und Ergiebigkeit (lat. praegnans). Die symbolische Ideation fungiert stets innerhalb eines dynamischen Schemas, wodurch die eine Erfahrung an die andere gereiht ist und auf sie verweist.

Der zweite Grundbegriff der Kulturphilosophie Ernst Cassirers ist derjenige der *symbolischen Form.* Symbolische Prägnanz und symbolische Form stehen in einem korrelativen Verhältnis zueinander. Eine erste frühe Definition von »symbolischer Form« – aus dem Jahre 1921 – lautet: »Unter einer ›symbolischen Form‹ soll jede Energie des Geistes verstanden werden, durch welche ein geistiger Bedeutungsgehalt an ein konkretes sinnliches Zeichen geknüpft und diesem Zeichen innerlich zugeeignet wird.« (WWS, 175) Diese Definition umfasst drei Aspekte. Erstens geht es um ein »sinnliches Zeichen«. Zweitens wird in dem Zeichen ein »geistiger Bedeutungsgehalt« transportiert. Drittens ist die Rede von der »Energie des Geistes«. Mit der Wendung »Energie des Geistes« bezieht sich Cassirer auf Wilhelm von Humboldts Unterscheidung von Sprache im Sinne von »Ergon« und »Energeia«. Diese Unterscheidung hat den methodischen Sinn, die Sprache als dynamische Möglichkeit zur Genese von Sinn zu fassen. Es handelt sich um jene Differenz, die uns in der Linguistik de Saussures als die zwischen »langue« und »parole« sowie bei Chomsky als die von »competence« und »performance« begegnet. Man will der Unterscheidung von Sprache im Sinne eines fertigen Systems einerseits und von Sprache als lebendigem Reden andererseits Rechnung tragen. Im lebendigen Reden realisieren wir einen Überschuss an Sinn, der in den Regeln der Grammatik zwar immer schon bereitliegt, aber stets aufs Neue aktualisiert werden muss.

Die Pointe bei Cassirer liegt nun darin, dass er die dynamische Aktivität des menschlichen Geistes nicht ausschließlich am Modell der Sprache orientiert. Jede symbolische Form – nicht nur die Sprache – realisiert ein Potenzial an Bedeutung, das in ihrer »Grammatik« schlummert. Es kommt, wenn wir symbolisch verstehen, zu einer fortwährenden Erweiterung und Anreicherung von kulturellem Sinn. Die Kultur ist das unerschöpfliche Reservoir von Sinn. Der kulturelle Mechanismus besteht in fortlaufenden, d.h. nicht endenden Interpretationen. Die Symbole sind dabei gewissermaßen die Organe oder die Instrumente. Aus dem Reservoir der Symbole schöpfen wir immer wieder neuen Sinn.

Während das Konzept der symbolischen Prägnanz gewissermaßen die phänomenologisch beschreibbare Facette der symbolischen Aktivität ausdrückt, zielt die symbolische Form auf die semiotische und die soziale Komponente des Symbolisierens. Man kann Cassirers Semiotik der symbolischen Formen der Tradition der dreistelligen Semiotik (Charles W. Morris, Charles S. Peirce) zuordnen. Ihr zufolge müssen wir ein Zeichen erstens als in Relation zu anderen Zeichen stehend (Syntaktik) verstehen, zweitens als bedeutungstragend (Semantik) und drittens als verständlich für einen Interpreten (Pragmatik). Cassirers Interesse gilt vor allem der Genese und der Transposition von Zeichen oder besser von Zeichensystemen. Daher lässt sich seine Semiotik präziser dem zuordnen, was Peirce »spekulative Rhetorik« nannte. Während die »spekulative Grammatik« die Klassifikation von Zeichentypen beinhaltet, geht es der »spekulativen Logik« um die Gültigkeit des argumentativen Zeichengebrauchs.[17]

Soll das Konzept der symbolischen Form als Baustein für eine Theorie der Kultur taugen, muss diese Logik eine universale sein. Im Spätwerk *The Myth of the State* (1946) führt Cassirer dazu aus: »Es ist ein gemeinsames Charakteristikum aller symbolischen Formen, daß sie auf jeden beliebigen Gegenstand angewendet werden können. Nichts ist für sie unzugänglich oder undurchdringlich: der spezielle Charakter eines Objekts beeinflußt ihre Aktivität nicht.« (MS, 49)

Symbolische Formen sind demnach universelle, intersubjektiv gültige Formen oder Grundformen des Verstehens der Welt. Mit den symbolischen Formen schaffen sich die Menschen Organe, die es ihnen ermöglichen, kulturell bedeutsame Lebenswelten zu konstituieren. Jede symbolische Form ist eine »Matrix« (Krois) der Kultur. Sie ist ein dynamisches Zentrum, das den Prozess kultureller Deutungen bestimmt und strukturiert.

Die Kulturtheorie Cassirers rechnet mit einer begrenzten Anzahl von symbolischen Formen. Diese weisen jeweils eine eigene Geschichte auf, entspringen indessen einem gemeinsamen Grund, dem Mythos. Er ist gewissermaßen der »Mutterboden« der symbolischen Formen.[18]

Obwohl die symbolischen Formen tatsächlich in der Verflechtung mit dem *Mythos* gegeben sind, wie Cassirer selbst sagt, scheinen die *Sprache* und die *Technik* gleichursprünglich mit dem Mythos zu sein. Die *Wissenschaft* geht erst aus der Klassifikationsleistung der Sprache sowie aus der Entdeckung der Regelmäßigkeit und Unabhängigkeit der äußeren Natur vom Willen der Menschen hervor. Die *Künste* wiederum entspringen aus dem Kult und aus der objektivierenden und poetischen Kraft der Sprache.[19] Neben Mythos, Sprache, Technik, Wissenschaft und Kunst sind die *Geschichte* (vgl. VM, 262 ff.), die *Religion* (vgl. PSF II, 281 ff.; VM, 116-130), die *Sitte* und das *Recht* (vgl. AH) von Cassirer analysierte Formen. Erwähnt, allerdings nicht systematisch interpretiert wird auch die *Wirtschaft* als eine eigene symbolische Form. (Vgl. PSF II, IX)

Cassirers Kulturphilosophie ist, wie gesagt, an dem interessiert, was Charles S. Peirce spekulative Rhetorik genannt hat. Fragen der Genese, Formverschiebungen und Formwandlungen der Symbolik stehen im Mittelpunkt von Cassirers Theorie. Als entscheidendes Prinzip der Entwicklung der symbolischen Formen stellt Cassirer die Abfolge von einer *mimetischen* zu einer *analogischen* Phase heraus. Bevor eine Form *symbolisch* im strikten Sinne des Wortes wird, muss diese Entwicklung durchlaufen worden sein.

Dieser Sachverhalt lässt sich gut an einem Beispiel erläutern. Für die symbolische Form der *Sitte* oder der *Moralität* rekonstruiert Cassirer eine mythische Stufe sittlichen Bewusstseins. Das Verhalten der Menschen – sagen wir: der »Naturvölker« – wird in diesem Falle durch eine *mimetische* Angleichung an den Clan oder an das Totem reguliert. Eine Abscheidung von der Gemeinschaft wird tabuisiert. Die Menschen verstehen sich nicht als verantwortliche individuelle Personen, sondern gehen im Netz der sozialen Bezüge auf. Auf der religiösen Entwicklungsstufe – gemeint sind hier die universalen monotheistischen Weltreligionen – werden alle Handlungen gemäß einer »analogia entis« auf den einen Gott bezogen. Die Menschen entdecken ihre eigene Individualität und Subjektivität. Sie müssen aber alle ihre Handlungen im Lichte des Absoluten legitimieren. Wie wir noch sehen werden, deutet Cassirer die Hochreligionen als reflexive Kritik am Mythischen. Die mythischen Bilderwelten werden depotenziert, ohne dass das religiöse Bewusstsein sich ganz von der Macht der Bilder lösen kann. Die Tabus der mythischen Welt verwandeln sich in den Religionen in moralische Gebote. Der Wille wird entdeckt. Das Verhältnis des individuellen Willens zur Allmacht Gottes oder zur Heiligkeit der Propheten ist das der *Analogie.* Erst in der neuzeitlichen, auf Ideen des Naturrechts basierenden Phase wird das moralische Bewusstsein rein *symbolisch.* Der neuzeitliche Mensch folgt als Individuum eigenen, von ihm selbst gesetzten und legitimierten Normen und Maximen des Handelns.[20]

Die symbolischen Formen lassen sich als Abzweigungen aus dem Mythos verstehen. Für Cassirer steht also, wie auch für Max Weber, die Moderne im Zeichen der Ausdifferenzierung. Die Herkunft der symbolischen Formen aus dem Mythos darf jedoch in keinem Fall normativ verstanden werden, etwa derart, dass man eine Rückkehr zum Mythos fordert. Der Prozess der Ausdifferenzierung ist eine unumkehrbare Entwicklungslogik. Cassirers Gedankengang ist folgender: In der Kunst und auch in der Religion sind stets mythische Energien wirksam, doch werden diese reflexiv gebrochen und verarbeitet. Auf diese Weise entsteht eine neue Struktur, nur so kommt es zur Autonomie der symbolischen Formen. Die symbolischen Formen hängen vielfältig untereinander zusammen, verzweigen sich, fordern sich wechselseitig. Cassirers Kulturphilosophie besteht zu einem großen Teil aus der analytischen Deskription des Geflechts der symbolischen Formenwelt. Auch wenn die symbolischen Formen jeweils einen autonomen Status haben, ist für ihre Analyse immer auch der Seitenblick auf die anderen methodisch von großem Nutzen.

Bei seiner analytischen Beschreibung der symbolischen Formen, die im idealen Falle relational ist, macht Cassirer Gebrauch von Differenzen hinsichtlich der Dimensionen der Symbolik. Cassirer unterscheidet drei grundlegende Symbolfunktionen. Er hebt die *Ausdrucksfunktion* gegen die *Darstellungsfunktion* ab und unterscheidet wiederum beide von der *Bedeutungsfunktion.* (Vgl. PSF II, 11; PSF III, 118, 525) Die Pointe bei Cassirer ist, dass diese Charakterisierung von Dimensionen, Richtungen oder Stufen der Symbolisierung wiederum als Schlüssel für die differenzielle Kennzeichnung der symbolischen Formen insgesamt dient.

Bei der *Ausdrucksfunktion* sind Zeichen und bezeichnete Sache noch nicht strikt voneinander getrennt. Das Zeichen ist zugleich noch das, worauf es verweist. Die Ausdrucksfunktion hat ihren Ursprung in der Einheit des Leiblichen und des Seelischen beim Menschen. Cassirer schreibt:

»Das Verhältnis von Leib und Seele stellt das erste Vorbild und Musterbild für eine rein *symbolische* Relation dar, die sich weder in eine Dingbeziehung noch in eine Kausalbeziehung umdenken läßt. Hier gibt es ursprünglich weder ein Innen und Außen, noch ein Vorher oder Nachher, ein Wirkendes oder ein Bewirktes; hier waltet eine Verknüpfung, die nicht aus getrennten Elementen erst zusammengefügt zu werden braucht, sondern die primär ein sinnerfülltes Ganzes ist, das sich selbst interpretiert [...]. Der eigentliche Zugang zum Leib-Seele-Problem wird erst gefunden, wenn einmal *generell* erkannt ist, daß Sinn-Verknüpfungen *dieser* Art es sind, auf denen auch alle Dingverknüpfungen und alle ursächlichen Verknüpfungen letzthin beruhen.« (PSF III, 117)

Cassirers Kerngedanke lautet, dass der Zusammenhang von Leib und Seele eine symbolische Relation ist und dass diese genetisch der Ursprung aller anderen dinglichen und kausalen Beziehungen ist. Obwohl die Ausdrucksfunktion semiotisch als eine Indifferenz zwischen dem Zeichen und seinem Bezeichneten zu klassifizieren ist, liegen ihr doch Intensivierungen der Wahrnehmung zugrunde. Ausdruckserlebnisse zielen nämlich auf das physiognomische Antlitz der Phänomene ab. Das freundlich lächelnde Gesicht eines Menschen erfahren wir intuitiv als eine Ganzheit. Der Stimmung einer zwischenmenschlichen Situation werden wir leiblich inne, ohne dass ein ausgebildetes kognitives »Ich« dabei im Spiel ist. Durch Entwicklungs-, Tier- und Gestaltpsychologie wohl beschriebene Phänomene des Ausdrucks (Clara und William Stern, Wolfgang Köhler, Karl Koffka, Heinz Werner u.a.; vgl. PSF III, 75 ff.) führen Cassirer zu der These, dass das »Verstehen von Ausdruck« beim Menschen genetisch vor dem »Wissen von Dingen« ausgebildet wird. (Vgl. PSF III, 74; VM 123 f.) Das Ausdrucksverstehen ist ein »Urphänomen« im Sinne Goethes. Es ist eine elementare Grundschicht allen menschlichen, symbolischen Sinnverstehens. Mit Ludwig Klages unterstreicht Cassirer den physiognomischen Charakter des Ausdrucksverstehens, mit Max Scheler situiert er es in der Intimsphäre zwischen Menschen. (Vgl. PSF II, 94, 100 ff.)

Cassirer ist der Auffassung, dass wir die ertragreichsten Aufschlüsse über die Ausdrucksfunktion gewinnen, wenn wir die *symbolische Form des Mythos* betrachten. (Vgl. PSF II, 73 ff.) An der symbolischen Synthesis des Mythos wird uns die Ausdrucksfunktion zugänglich. Mit dem Mythos sind die Religion und die Kunst eng verbunden. Auch sie bilden demnach Anschauungsmaterial für das Studium der Ausdrucksfunktion.

Bei der *Darstellungsfunktion* – den Begriff entlehnt Cassirer bei dem Sprachtheoretiker Karl Bühler (vgl. PSF III, 128) – besteht, anders als bei der Ausdrucksfunktion, eine referenzielle Beziehung zwischen dem Zeichen und dem durch es Bezeichneten, die sprachlich hergestellt wird. Ein objektiver Sachverhalt wird intersubjektiv gültig fixiert. (Vgl. STS, 10) Die Darstellungsfunktion gestattet es, konstante Dinge und Ereignisse festzustellen und zu behaupten. (Vgl. PSF III, 1333) Zwar weist die Sprache zweifellos auch eine Ausdrucksdimension auf, die vor allem von der Poesie aktiviert wird. Die eigentliche Domäne der Sprache aber ist die Darstellungsfunktion.

Die Sprache durchläuft genetisch die Phasen des *mimetischen* und des *analogischen* Ausdrucks. So gibt es Sprachen der »Naturvölker«, bei denen beispielsweise das Zahlwort »sechs« einen mimischen Handlungsvorgang meint: Springe beim Zählen zur zweiten Hand über! Das ist etwa bei der Sotho-Sprache der Fall. (Vgl. PSF I, 188) Die Wiederholung der Partikel eines Wortes, die *Reduplikation*, kann man als analogischen Ausdruck deuten. Sie ist in manchen Sprachen ein grammatisches Mittel, um Mehrheiten auszudrücken. Bisweilen dient sie auch als Form, um Komparationen (bei Adjektiven) und Zeitstufen (etwa die Vollendung) zu generieren. Schließlich kann die Reduplikation als ein Mittel fungieren, um Wortklassendifferenzen zum Ausdruck zu bringen. (Vgl. PSF I, 147; WWS, 181)

Erst als reine *symbolische Form* ist die Sprache indessen zur Darstellungsleistung geeignet. Sie erlaubt dann, eine objektive Gegenstandswelt als Struktur zu bezeichnen. Sie gestattet, die Welt des subjektiven Willens zu artikulieren sowie vermöge ihrer Regelstruktur ein Wissen über das Befolgen von Normen zu produzieren. (Vgl. STS, 132, 134 ff., 141 ff.)

Als dritte Dimension symbolischer Funktionen figuriert in der Theorie Cassirers die *Bedeutungsfunktion*. Sie ist die Domäne des Wissens und des diskursiven Erkennens. Symbolisierendes Zeichen und symbolisierte Sache werden in einer freien Beziehung miteinander verbunden. Wie schon ausgeführt, stehen die Begriffe der wissenschaftlichen Erkenntnis in einer funktionalen Reihe zueinander, und nur als Reihe vermögen die Begriffe eine Welt von Sachverhalten zu treffen. Nicht einzelne Begriffe sind anschaulich schematisierbar, wie Kant noch wollte. Der Gegenstand der Physik sind daher nicht die Dinge, sondern – wie Cassirer mit Whitehead unterstreicht – das System der Ereignisse. Aus Einsteins Relativitätstheorie zieht Cassirer die Konsequenz, dass das Corpus wissenschaftlicher Sätze aus der Trias von Maßaussagen, Gesetzesaussagen und Prinzipienaussagen besteht, wobei Prinzipien das dynamisierende Zentrum bei der Entwicklung von Theorien sind.[21]

Zusammenfassend ist festzuhalten: Die sowohl phänomenologische als auch semiotische Facettierung des Symbolischen erlaubt es Cassirer einerseits, der kontingenten Genese von kulturellem Sinn und kultureller Bedeutung nachzuspüren. Der kulturelle Sinn ergibt sich aus der produktiven Arbeit der Menschen mit symbolischen Formen: Sie sind nie vollständig und wirken als eine Art Kraft oder Energiequelle. Andererseits lässt sich mit dem Instrumentarium der Semiotik eine analytisch genauere Differenzierung der Symbolfunktionen durchführen. Wir produzieren nicht irgendwie oder irgendwelchen Sinn, sondern stets spezifischen Sinn. Alle Verstehensprozesse und kulturellen Deutungen bewegen sich innerhalb eines Schemas oder eines Rahmens. Und erst aus dem Zusammenspiel eines Schemas und eines singulären Falles ergibt sich eine spezifische Bedeutung.

5. Mythos und Sprache als symbolische Formen

In diesem Kapitel müssen konkrete Analysen des Kulturphilosophen Cassirer folgen. Denn nur dann, wenn es gelingt, das im letzten Kapitel abstrakt formulierte begriffliche Instrumentarium gewissermaßen in Aktion zu sehen, kann der Ansatz auch systematischen Ansprüchen genügen. Cassirers Analysen zum Mythos und zur Sprache sollen den Nachweis der Fruchtbarkeit und Ergiebigkeit seines Ansatzes erbringen. Die Problematik des Mythischen wird uns später erneut beschäftigen, und zwar im Zusammenhang mit der Fusionierung von Mythos und Technik bei den politischen Mythen des 20. Jahrhunderts. Systematisch wird es dann um den Sozialphilosophen Cassirer gehen, wie er in dem Buch *The Myth of the State* in Erscheinung tritt. Die folgende Erörterung von Cassirers Theorie des Mythos hat den Sinn, uns ein vertieftes Verständnis seiner kulturphilosophischen Position zu verschaffen.[22]

Der Mythos

Cassirers Ausgangspunkt ist die Frage nach den *Prinzipien* einer Philosophie des Mythos. Die Philosophie Europas verdankt sich einer Auseinandersetzung mit dem Mythos. Die Begriffe der antiken Philosophie wie »arche« (= Ursprung) oder »einai« (= Sein) enthalten selbst noch mythische Komponenten. Die Konkurrenz zwischen der Philosophie und dem Mythos in der Antike schlug sich in der *allegorischen* Mythendeutung nieder. (Vgl. PSF II, 4 f.) Bis in die Zeit der Renaissance, bis zu Plethon und Francis Bacon, war die allegorische Mythendeutung historisch wirkmächtig. Sie basierte auf der Annahme, dass der Mythos eine »wirre« Form des Denkens war. Er galt als eine sich selbst noch unklare Gestalt des Bewusstseins, die allein durch die Philosophie zu sich selbst komme und damit wirklich begriffen werde. Einzig Platon sah im Mythos eine in sich berechtigte Form der Erkenntnis, die sich freilich nicht auf das Sein, sondern auf die Welt des Werdens und der Vergänglichkeit beziehe.

Erst mit Schelling, präludiert durch Vico, war ein neues Niveau erreicht. Forderte doch schon der junge Schelling eine Mythologie der Vernunft. Sie sollte den Monotheismus des Denkens mit dem Polytheismus der Einbildungskraft vereinen. Der Mythos durfte daher nicht mehr allegorisch, er musste vielmehr *tautegorisch* (Schelling), d.h. immanent verstanden werden. (Vgl. PSF II, 7 f.) Im Mythos nämlich spiegelt sich, Schelling zufolge, das geschichtlich wirkmächtige Nachdenken der Menschen über das Absolute.

Der Kantianer Cassirer kann freilich weder der Konzeption der intellektuellen Anschauung des jungen Schelling noch dem Systemdenken des späten Schelling folgen. Für ihn stellt sich die Frage: Lässt sich Schellings Haltung in die Begriffe des transzendentalen Kritizismus rückübersetzen? Transzendentalkritisch kann weder nach den metaphysischen noch nach den historischen, sozialen oder psychischen Ursachen des Mythischen gefragt werden, sondern allein nach »der Einheit des geistigen *Prinzips*« (PSF II, 16). Der Mythos muss als eine spezifische Weise der Objektivation von Welt in den Blick kommen.

Cassirers theoretischer Ansatz versucht, sich offen zu halten für die wissenschaftlichen Beschäftigungen mit dem Mythos –

Ethnologie, Psychologie, Literaturtheorie, Religionsgeschichte –, ohne sich inhaltlich an sie zu binden. Ohnehin lässt sich der Mythos nicht von anderen symbolischen Formen (Sprache, Wissenschaft oder Technik) her aufschlüsseln. Ein solches Vorgehen verfehlt die Eigenart der jeweils zu untersuchenden symbolischen Form.

Den Mythos als eine symbolische Form zu verstehen bedeutet, ihn als eine bestimmte Formung der Erfahrung zu interpretieren. Cassirer fragt nach den Prinzipien dieser Erfahrung und arbeitet die folgenden formalen Strukturen heraus: Der Mythos zielt auf die Physiognomie, d.h. die Gestalt der Dinge; er ist kosmisch dimensioniert. Er richtet sich auf das Ganze des Seins. Das mythische Denken prägt sich in Indifferenzen aus: Schein vs. Wirklichkeit, Leben vs. Tod, subjektive Vorstellung vs. Realität. (Vgl. PSF II, 47 ff.) Die Verkettung von Vorstellungen verläuft gemäß Mustern, die Polysynthesen, Metamorphosen und Sympathieformen gleichen, wodurch die Beziehungsvielfalt der Dinge akzentuiert wird. (Vgl. PSF II, 61 f.; VM, 130 f., 148, 133) Schließlich durchzieht das mythische Denken der »Urgegensatz« von Heiligem und Profanem. Das Mana der Melanesier, das Manitu der Algonkinstämme, das Orenda der Irokesen, das Wakanda der Sioux heben das Ungewöhnliche und das Außergewöhnliche gegen das Übliche und das Normale ab. (Vgl. PSF II, 95 ff.)

Cassirers Theorie des Mythos im zweiten Band der *Philosophie der symbolischen Formen* will methodisch, daran sei erinnert, das Potenzial der »kopernikanischen Drehung« Kants ganz ausschöpfen. Kant zufolge hat die Philosophie bei einer vorgängigen Analyse der Kategorien und der Anschauungsformen einzusetzen, vermöge deren wir Wirklichkeit erst konstituieren. Aber Kant hatte seine transzendentalkritische Analyse lediglich am Material der Wissenschaften, an der Moralität und an der Naturteleologie bzw. an der Ästhetik verdeutlicht. Cassirer will nun den kantischen Typus der Analyse auf alle symbolischen Formen anwenden. Die Architektonik der Erkenntnistheorie Kants mit ihren Elementen der Anschauungsformen, der reinen Verstandesbegriffe sowie der Dialektik der reinen Vernunft wird dabei als eine das Material organisierende Norm gehandhabt. Cassirer beschäftigt sich daher zunächst mit den Raum- und Zeitbegriffen im Mythos. Sodann geht es ihm um das, was den reinen Verstandesbegriffen zuzuordnen wäre. Die Schwierigkeiten, welche sich aus dem Umstand ergeben, dass der Mythos keineswegs mit dem wissenschaftlichen Bewusstsein und seinen Kategorien gleichzusetzen ist, umgeht Cassirer jedoch, indem er analog zu den Kategorien der kantischen Vernunftkritik von Formen des »Ich« und des »Selbstgefühls« innerhalb des mythischen Denkens handelt. Am ehesten einleuchtend ist vielleicht noch die Parallele zwischen der »Dialektik der reinen Vernunft« und der »Dialektik des mythischen Bewusstseins«. Hier geht es sachlich um die Selbstaufhebung des Mythos in der Religion. Um einen möglichst plastischen Eindruck vom Philosophieren Cassirers zu vermitteln, möchte ich im Folgenden auf die Themenkreise »Mythos und Raum« und »Dialektik des Mythos« näher eingehen.

Der *Raum* wird im Mythos als ein akzentuierter Raum erfahren. Es gibt, der Differenzierung des Seins in Bezirke des Sakralen und des Profanen entsprechend, stets Orte und Gegenden, die vor anderen ausgezeichnet sind. (Vgl. PSF II, 106) Der geometrische Raum dagegen ist homogen; er ist stetig, gleichförmig und unendlich. Das Merkmal der Akzentuiertheit rückt den mythischen Raum in die Nähe des »Handlungsraumes« (Elisabeth Ströker), bei dem aufgrund der Beschaffenheit unserer Leibesorgane Richtungen ausgezeichnet sind: vorne, hinten, oben, unten, links, rechts.[23]

Der akzentuierte Raum des Mythos kann in dreierlei Hinsicht verdeutlicht werden. Erstens dient er oft als symbolisches

Schema zur Veranschaulichung der Ordnung des Lebens. Bei den Zunis, Pueblo-Indianern aus dem US-Bundestaat New Mexico, wird der Raum in sieben Gegenden geteilt: Nord und Süd, West und Ost, obere und untere Welt und Mitte. Diesen Gegenden ordnet man nicht nur die Elemente der Natur zu – dem Norden die Luft, dem Süden das Feuer, dem Osten die Erde, dem Westen das Wasser –, sondern auch die Jahreszeiten und die Farben. Der Norden gilt als die Heimat des Winters, der Süden als die des Sommers; der Osten ist die Heimat des Herbstes, der Westen die des Frühlings. Gelb ist die Farbe des Nordens, Blau die des Westens; Rot steht für den Süden, Weiß für den Osten. Die obere Region erscheint als vielfarbig, die untere als schwarz. Die Mitte vereinigt als die Repräsentantin aller Regionen die verschiedenen Gegensätze in sich. (Vgl. BmD, 23) Schließlich werden auch die menschlichen Stände, die Berufe und Tätigkeiten den Weltgegenden zugeordnet: Dem Norden gehören der Krieg und die Krieger, dem Westen die Jagd und die Jäger; die Medizin und die Agrikultur symbolisieren den Süden, die Magie und die Religion den Osten. (Vgl. PSF II, 108; BmD, 29 f.)

Der Mythos darf keinesfalls nur als eine kontemplative Denkform verstanden werden. Er fungiert vor allem als Schema für die Orientierung des Lebens. Die Septuarchie der Zunis regelt ihre Lebensweise. Das Dorf, das sie bewohnen, ist in sieben Bezirke gegliedert. Jeder Clan wird einer Weltregion zugeordnet. Der Clan des Kranichs oder des Pelikans, des Waldhuhns und der immergrünen Eiche steht für den Norden, der des Bären für den Westen. Den Clan des Hirschen und der Antilope rechnen die Zunis dem Osten zu. Der Papageien-Clan, der als Mutter-Clan des ganzen Stammes gilt, nimmt dementsprechend die Region der Mitte ein. Diese Raumordnung wiederholt sich auch dann, wenn der Stamm einen neuen Lagerplatz bezieht. Die einzelnen Gruppen verteilen sich gemäß der im Dorf und im Stamm insgesamt herrschenden Ordnung. (Vgl. BmD, 23; PSF II, 127) Ähnliche Raumordnungen findet man auch bei anderen, nach totemistischer Form lebenden Völkern. (Vgl. PSF II, 108 f.) Der Raum ist hier kein bloß formales Schema, um das Nebeneinander der Phänomene zu regeln – er drückt eine Lebensform aus.

Zweitens tragen die Konzeptionen des Raumes im mythischen Denken meist kosmische Dimensionen. Das Raumschema ordnet nicht allein den Lebenszusammenhang eines Clans, es gilt für den ganzen Kosmos. Vor allem die Astrologie darf hier als Beleg dienen. Alt-Mexiko war, wenn man den Mayahandschriften Glauben schenken darf, gemäß den vier Himmelsrichtungen gegliedert. (Vgl. BmD, 25) In der altbabylonischen Astrologie wird die irdische Welt in vier große Bezirke geteilt: Akkad heißt die Region des Südens, Subartu die des Nordens, Amurru ist das Westland, Elam das Ostland. Die Regionen unterliegen der Herrschaft der Planeten. Jupiter ist der Akkadstern, Mars regiert den Amurru, die Plejaden werden Subartu, Perseus dem Elam zugeteilt. Dem Einfluss der Planeten entspricht die Herrschaft der vier Temperamente. (Vgl. BmD, 27-29)

Die Akzentuiertheit des Raumes ist die Grundstruktur der mythischen Raumerfahrung. Sie zeigt sich, drittens, bei den Kosmogonien, die zumeist dem Leitfaden von Leibesregionen folgen. In einer Hymne des indischen Rigveda (vgl. X, 90) wird dargetan, wie die Welt aus dem Leib des Menschen, des Purusha, hervorgegangen ist. Die Teile der Welt sind nichts anderes als die Organe des menschlichen Leibes: »Der Brahmane war sein Mund, seine Arme wurden zum Krieger, seine Schenkel zum Vaisya, aus seinen Füßen ging der Sudra hervor. Der Mond entstand aus seinem Geiste, aus dem Auge entstand die Sonne, aus dem Mund Indra und Agni; aus dem Hauch ging Vayu hervor. Aus dem Nabel entstand der Luftraum, aus dem Haupt ward der Himmel, aus den Füßen die Erde, aus dem Ohr entstanden die Himmelsrichtungen; in dieser Weise bildeten sie die Welten.« (PSF II, 113) Die kosmische Geographie ist stets auch eine Geographie des Ursprungs der Welt. Menschenleib und Kosmos entsprechen einander.

Die mythischen Kosmogonien schöpfen ihre markanten Bilder auch aus dem Gegensatz von Tag und Nacht, von Licht und Dunkelheit. In nahezu allen Schöpfungsmythen – von den babylonischen Schöpfungslegenden über die ägyptische Schöpfungsgeschichte bis hin zum mosaischen Schöpfungsbericht – wird die Entstehung der Welt mit dem Werden des Lichts und damit der Sichtbarkeit in Verbindung gebracht. (Vgl. PSF II, 119 f.) Es ist dann folgerichtig, wenn den vier Himmelsrichtungen nicht nur besondere Richtungsgötter zugeordnet werden, sondern die Weltrichtungen auch unterschiedliche Werte erhalten. Der Osten als der Ursprung des Lichts wird zum Quell des Lebens, der Westen hingegen ist der Ort des Dunkels und des Totenreichs. (Vgl. PSF II, 122 f.)

Dem mythischen Denken eignet eine große plastische Kraft der geschmeidigen Wandlungen und semantischen Verschiebungen. Dieser Aspekt lässt sich gut am Beispiel von Konzeptualisierungen des Raumes zeigen, die in der römischen Welt der Antike heimisch waren und selbst noch die christliche Sakralarchitektur prägten. (Vgl. PSF II, 123-126) Das mythisch-religiöse Denken der Römer objektivierte sich vor allem im Raum. Aus dem Raum wird ein heiliger Bezirk herausgehoben, der dann den Namen »templum« erhielt. Das Wort geht auf das griechische »tem« (»schneiden«) zurück. Der Tempel ist das Ausgeschnittene und das Begrenzte, vorab der dem Gott geweihte Bereich. Das Wort »templum« wurde aber auch benutzt, um jedes Stück Ackerland zu bezeichnen, das einem Gott, einem König oder einem Helden gehörte. »Templum« kann schließlich auch der ganze Himmelsraum heißen, d.h. ein von einem göttlichen Willen beherrschter Raum. Der ganze Himmel gliedert sich in vier Teile, den südlichen vorderen Teil, den hinteren im Norden, den linken im Osten, den rechten im Westen. Wenn der Augur den Himmel beobachtete, um von ihm die Wahrzeichen für das irdische Tun abzulesen, so nahm er eine Scheidung vor, die an einer Ost-West-Linie (decumanus) und der auf ihr senkrecht stehenden Nord-Süd-Achse (cardo) orientiert war.

Dieses zunächst sakrale Koordinationsschema wurde auf die profanen Lebensbereiche übertragen. Der Akt der Grenzsetzung, die Limitation, galt als ein zugleich religiöser und rechtlicher Akt. *Terminus* ist ein eigener römischer Gott. Am Fest der Terminalien verehrte man den Grenzstein, indem man ihn bekränzte und mit dem Blut eines Opfertieres besprengte. (Vgl. PSF II, 127) Auch die Schwelle wurde als heilig verehrt, zuerst als die Schwelle, die zum Tempel führt, dann als das Feld, das vor feindlichen Übergriffen bewahrt. Die Umgrenzung des Ackers wird später zum Modell für die Scheidung in den »ager publicus« und den »ager divisus et adsignatus«, den öffentlichen und den privaten Besitz.

Aber nicht nur in Religion und Recht findet man Raumvorstellungen, die auf den Mythos zurückweisen. Wie Cantor einst zeigte, gehen die Anfänge der wissenschaftlichen Mathematik in Rom auf die Schriften der Agrimensoren, der Feldmesser, zurück. Das griechische Gegensatzpaar von »peras« (Grenze) und »apeiron« (Unbegrenztes) wird bei Pythagoras und Platon als Entgegensetzung von Bestimmendem und Bestimmungslosem, von Form und Formlosigkeit gedacht, ein Nachhall des mythischen Denkens in der Philosophie. Das lateinische Wort »contemplari« hält noch den Zusammenhang mit der Tätigkeit der Auguren fest, die am abgesteckten Raum, dem Templum, ihre Himmelsbeobachtungen vollzogen. (Vgl. PSF II, 125 f.)

In den mittelalterlichen Kirchenbauten lebt die mythische Symbolik der Himmelsrichtungen fort. Sonne und Licht werden zwar durch den zu verehrenden Erlösergott ersetzt, aber der Altar soll nach Osten weisen. Der Süden gilt als der Erscheinungsort des Heiligen Geistes. Der Norden figuriert als Symbol der Abkehr von Gott. Der Täufling wird während des Taufaktes zunächst nach Westen gestellt, will sagen: Er entsagt dem Teufel. Er wird sodann nach Osten gedreht, der Gegend des Paradieses, um den Glauben an Christus zu bekunden. Die vier Kreuzesenden der Kirche werden mit den vier Himmels- und Weltgegenden identifiziert. Unter christlichem Vorzeichen »west« der mythische Raum noch fort.

Mit seiner »Dialektik des mythischen Bewusstseins« nimmt Cassirer in freier Weise Bezug auf die »transzendentale Dialektik« in Kants *Kritik der reinen Vernunft*. Kant bezeichnet damit jene notwendigen Widersprüche, in die sich die menschliche Vernunft verstrickt, sofern sie sich von den Restriktionen der gegenständlich erfahrbaren Wirklichkeit befreit. Diese Dialektik ist Kant zufolge unvermeidlich. Die menschliche Vernunft neigt immer wieder dazu, in sie zu verfallen. Erst der praktische Gebrauch der Vernunft bietet die Aussicht, den Widersprüchen zu entkommen. Die Vernunft wird nun zum Prinzip der Moralität.

Bei Cassirer bezeichnet die Dialektik des mythischen Bewusstseins eine innere Tendenz des Bewusstseins: Das mythische Denken weist über sich selbst hinaus, ohne dies wirklich einlösen zu können. Das Gebiet, auf dem sich die Dialektik des mythischen Bewusstseins ereignet, ist Cassirer zufolge die Religion. Im Vergleich zum Mythos markiert die Religion eine neue Stufe des Bewusstseins, wenn dieses auch abhängig von ihm bleibt: »Die Religion vollzieht den Schnitt, der dem Mythos als solchem fremd ist: indem sie sich der sinnlichen Bilder und Zeichen bedient, *weiß* sie sie zugleich als solche, als Ausdrucksmittel, die, wenn sie einen bestimmten Sinn offenbaren, notwendig zugleich hinter ihm zurückbleiben, die auf diesen Sinn ›hinweisen‹, ohne ihn jemals vollständig zu erfassen und auszuschöpfen.« (PSF II, 286) Die Religion geht aus dem Mythos hervor. Sie enthält freilich ein gegen das mythische Bildbewusstsein gerichtetes kritisches Motiv, obwohl sie sich andererseits der mythischen Bilder bedient, ja bedienen muss.

Nahezu alle Religionen sind in der einen oder anderen Form mythenkritisch. Dafür einige Belege: In den prophetischen Büchern des Alten Testamentes ist die Rede vom Bilderverbot. Gott lässt sich nicht in sinnlichen Bildern aussprechen. Gefordert ist die Verankerung der Religion im Herzen, d.h. in der moralischen Haltung eines Menschen. (Vgl. Jes. 44, 9 ff.) Das Bilderverbot ist nicht allein auf den jüdischen Prophetismus beschränkt. Auch in der persisch-iranischen Religion gibt es keine Bildwerke. In der Religion Zarathustras findet man die Verehrung der Naturelemente und der Naturkräfte. Aber dies ist letztlich ethisch motiviert. Ahura Mazda, der persische Schöpfergott, trägt als die höchsten Prädikate die des Seins und der sittlichen Güte. (Vgl. PSF II, 288 f.) Die Haltung der persischen Religion gegenüber dem Mythischen hat nicht die ablehnende Schärfe des jüdischen Prophetismus. Die mythischen Mächte sollen errettet werden, indem sie eine neue Bedeutung erhalten. Die Kritik hat hier die Form der Verwandlung. Bei den Propheten dagegen ist zu lesen: »Denn der Heiden Satzungen sind lauter Nichts [...]. Darum sollt ihr euch nicht vor ihnen fürchten, denn sie können weder helfen, noch Schaden tun [...]. Ihre Götzen sind Trügerei und haben kein Leben. Es ist eitel Nichts und ein verführerisch Werk.« (Jerm. 10, 3 ff.)

Die indische Religion der Upanishaden ist vom Modus der Verneinung als religiöser Grundhaltung geprägt. Das Absolute erscheint als Negation alles Objektiven. Folglich muss auch die mythische Welt der Bilder zerstört werden. (Vgl. PSF II, 293) Im Buddhismus soll sich die Verneinung nicht nur auf die Welt der

Objekte erstrecken, sondern auch auf den Willen und das »Ich« der Menschen. In einem buddhistischen Text heißt es: »Wie ein Affe, der in einem Walde, einem Gehölz umherschweift, einen Ast ergreift und den fahren läßt und einen anderen ergreift, so entsteht und vergeht das, was Geist genannt wird oder Denken und Erkennen, immer wechselnd Tag und Nacht.« (Zit. nach: PSF II, 294) Die buddhistische Religion leugnet nicht die Existenz der Götter der Volksreligionen. Aber ihr zufolge besagen diese nichts für die Erlösung vom Leiden. Darin ist auch eine Kritik am Mythos enthalten: Der Mythos hat noch nicht die Stufe gedanklicher Klarheit erreicht, die dem Menschen zugänglich ist.

Mit Schelling betont Cassirer, dass nahezu jedes christliche Symbol eine heidnisch-mythische Parallele aufweist. (Vgl. PSF II, 296 f.) Daher bleibt es fraglich, ob eine radikale Entmythologisierung der christlichen Religion überhaupt möglich ist. Die christliche Religion als eine symbolische Form umfasst verschiedene Stufen der Symbolik, die von der objektiven Symbolik des frühen Christentums bis zur Negation der Bildsprache und der Dogmatik in der Mystik reichen. Bei dem Mystiker Meister Eckhart liest man etwa: »Der Vater gebiert seinen Sohn ohne Unterlaß und ich spreche wahr: er gebiert mich nicht allein, seinen Sohn, mehr: er gebiert mich sich und sich mich.« (PSF II, 298)

Der alle Religion durchwaltende Zwiespalt von reinem Sinngehalt und bildlichem Ausdruck hat sich in subtilen religionsphilosophischen Distinktionen niedergeschlagen. Da gibt es die mittelalterliche Unterscheidung des vierfachen Wortsinnes der heiligen Texte (vgl. PSF II, 304-307): Die historische Interpretation sichert die Tatsächlichkeit der religiösen Aussagen, während die allegorische, tropologische und anagogische Deutung den ethisch-metaphysischen Sinn der religiösen Aussagen und der empirischen Phänomene enthüllen. Die Allegorese sieht im empirischen Phänomen die Verweisung auf die Transzendenz. Die tropologische Deutung interpretiert jedes Phänomen als Metapher, wobei die Erlösung als der absolute Bezugspunkt der Metaphorik gilt. Die anagogische Hermeneutik erfasst das Phänomen als Hindeutung auf das Überirdische bzw. auf dessen Repräsentation in der Kirche.

Die Mystik wiederum verkörpert eine andere Stufe der religiösen Symbolik. Die unmittelbare Beziehung von Ich und Gott steht im Vordergrund, während die vielfältigen Vermittlungsinstanzen zwischen ihnen, etwa die heiligen Texte und die Institution der Kirche, an Bedeutung verlieren. Alle Phänomene sind – wie es bei Eckhart heißt – »Fußstapfe Gottes« (PSF II, 309). Den reifsten philosophischen Ausdruck hat diese in der Mystik verkörperte Symbolik des Christentums bei Leibniz und Schleiermacher gefunden.

Für Leibniz, um hier einen früher schon gesponnenen Faden wieder aufzugreifen, ist jedes individuelle substanzielle Sein ein »Fußstapfe Gottes«: »In jedem Selbstwesen stecket eine Unendlichkeit, ein Fußstapf, ein Ebenbild der Allwissenheit und Allmacht Gottes.« (Deutsche Schriften, zit. nach: PSF II, 308) Jede Monade ist etwas Selbstständiges und in sich Abgeschlossenes. Aber die Monaden korrespondieren einander und formen ein harmonisches Ganzes: Jede Monade ist ein lebendiger Spiegel des Universums. Diese Symbolik schließt die Konzeption des gesetzlichen Zusammenhangs alles Seienden im Sinne der neuzeitlichen Wissenschaften nicht aus, sondern ein. Im System der universellen Harmonie gibt es keine an einzelnen Phänomenen aufweisbaren Wunder. Das Ganze selbst ist vielmehr das Wunder. Das Geistige greift nicht von außen in das Sinnliche ein; die Gesamtheit des Sinnlichen ist das eigentliche Feld der Offenbarung des Geistigen: »Toute la nature est pleine de miracles, mais de miracles de raison.« (Zit. nach: PSF II, 309) Das heißt aber: Alles Seiende kann sowohl rational, also dem Satz vom zureichenden Grunde gemäß, als auch symbolisch im Sinne der Religion verstanden werden.

Schleiermacher führt die leibnizsche Lehre fort. Bei ihm besteht die religiöse Sicht der Welt in nichts anderem als darin, das Einzelne als Teil des Ganzen zu sehen. Das Beschränkte und Endliche wird zur Darstellung des Unendlichen. Aber das Einzelne und Beschränkte ist nicht die Welt der stofflichen und dinglichen Phänomene, sondern ihr gesetzlicher Zusammenhang untereinander. Das Wunder als Kategorie des Religiösen besagt dann nur soviel wie: Ein Phänomen ist geeignet, dass an ihm sich das Unendliche und das Universum darstellen. »Was ist denn ein Wunder! – sagt mir doch, in welcher Sprache [...] es denn etwas anderes heißt, als ein Zeichen, eine Andeutung? Und so besagen alle jene Ausdrücke nichts als die unmittelbare Beziehung einer Erscheinung aufs Unendliche, aufs Universum; schließt das aber aus, daß es nicht eine ebenso unmittelbare auf das Endliche und auf die Natur gibt? Wunder ist nur der religiöse Name für Begebenheit; jede, auch die allernatürlichste, sobald sie sich dazu eignet, daß die religiöse Ansicht von ihr die herrschende sein kann, ist ein Wunder.« (Reden über die Religion, Zweite Rede; zit. nach: PSF II, 310) In diesem Fall verkörpert das religiöse Denken den Typus des reinen Beziehungsdenkens. Den Symbolen kommt bei Schleiermacher keine dingliche Existenz zu, sie drücken nur ein Denken aus, welches Beziehungen zwischen den einzelnen Phänomenen und dem Unendlichen herzustellen vermag.

Nach Cassirer ist alles religiöse Denken von dem Zwiespalt zwischen Bild und Sinn geprägt. Der Sinn realisiert sich nie vollständig im Bild, obwohl er des Bildes bedarf, um sich darzustellen. Eine grundsätzliche Lösung dieser Aporie ist einerseits in der philosophisch begriffenen Mystik angebahnt. Andererseits wird der Zwiespalt von Bild und Sinn in einer anderen symbolischen Form geschlichtet, nämlich in der Kunst. Hier ist das Bild ganz als es selbst zu nehmen. Sein Sinn entsteht erst im Aufbau des Bildes. Die Kunst führt also, wie noch zu zeigen sein wird, den in der Religion nicht aufhebbaren Gegensatz von Bild und Sinn, der letztlich in der mythischen Differenz von Heiligem und Profanem wurzelt, zu einer anderen, in sich gegründeten Einheit. (Vgl. PSF II, 310 f.)

Vor allem in seinem *Essay on Man* setzt Cassirer den Akzent darauf, dass die Religion gegenüber dem Mythos zu einer neuen Dimension der moralischen Eigenverantwortlichkeit des Menschen führt. Damit deutet sich eine Auflösung der Dialektik des mythischen Bewusstseins in Parallele zu Kants Aufhebung der Dialektik der reinen Vernunft in der Moralität an. Der theoretische Gebrauch der Vernunft bleibt Kant zufolge stets dialektisch, nur der praktische Vernunftgebrauch hebt die Dialektik auf.

Cassirers Aufhebung der Dialektik des mythischen Bewusstseins lässt sich an der Differenzierung von mythischen Tabuvorschriften und religiösen Geboten verdeutlichen. Die Tabuvorschriften und Regeln zielen – wie auch die jüdischen religiösen Vorschriften – auf verschiedene Arten der Reinheit ab. (Vgl. VM, 165 ff.) Die spezifische Dimension der Religion tritt in den Blick, wenn man beachtet, dass die von ihr geforderte Reinheit eine Reinheit des Herzens, also der Gesinnung ist. Nicht die Reinheit der Dinge zählt – wie in den Tabusystemen –, sondern die Lauterkeit der Gesinnung. Die Taburegeln sind bloß negativ: Man soll das Tabuierte meiden. In der Religion dagegen geht es um ideale Zielsetzungen, um die Erneuerung der ganzen Menschheit. Die Religion entsteht zwar aus dem Mythos, sie verkörpert ihm gegenüber aber eine neue Dimension.

Die Sprache

Wilhelm von Humboldt hatte ein neues Paradigma des Sprachdenkens eingeleitet, als er Abschied nahm von der Frage nach dem Ursprung der Sprache. Statt die Sprache lediglich diachronisch zu klassifizieren, ordnete er sie hinsichtlich ihrer grammatischen Strukturen und fragte nach den spezifischen Weltbildern, die durch die Sprachen konstituiert werden. Im ersten Band seiner *Philosophie der symbolischen Formen* (1923) verfolgt Cassirer im Wesentlichen diese durch Humboldt inspirierte theoretische Perspektive. Cassirer griff die damals, zu Beginn der Zwanzigerjahre des 20. Jahrhunderts, relativ neuen ethnologischen Sprachforschungen auf: Mit welchen grammatischen und syntaktischen Mitteln tragen die verschiedenen Sprachen zur kategorialen Formung der menschlichen Welterfahrung bei?

Mit Wilhelm von Humboldt (vgl. PSF I, 99 ff.)[24] geht Cassirer davon aus, dass die Sprache ein Medium ist, in dem sich der Gedanke allererst bildet. Zugleich vermittelt die Sprache zwischen »Ich« und »Welt«, zwischen Subjekt und Objekt. Die Erfahrung der Welt und des Ich geschieht allein in der Sprache. Sonst gibt es nur relativ diffuse Empfindungsströme. Es ist jedenfalls nicht so, dass wir erst denken und erkennen und dann unsere Gedanken in Sprache kleiden, um sie anderen Menschen mitzuteilen, sondern durch die Sprache entdecken wir die »unerkannte Wahrheit« (v. Humboldt).

Cassirer folgt der Theorie Wilhelm von Humboldts auch in der Annahme, dass die Sprache vorzüglich als Wortsprache zu begreifen ist. Wie subtil auch immer die Kommunikation in Gesten und Gebärden ausgebildet sein mag, hinter der Wortsprache bleibt sie hinsichtlich der differenzierten Artikulation von abstrakten Denkprozessen und der Dynamik des Gefühls- und des Empfindungsausdrucks zurück. Der Schritt zur Sprache, d.h. zur

Wortsprache, ist erst dort getan, wo die Bedeutungsfunktion vor den Affekt- und Erregungslauten den Primat errungen hat. (Vgl. PSF I, 138 f.) Sprache existiert im Vollsinne erst dann, wenn durch sie eine Distanz zum unmittelbar Gegebenen und unmittelbar Erlebten möglich geworden ist.

Wie schon die Theorie der symbolischen Form des Mythos benutzt auch Cassirers Sprachphilosophie mit geringfügiger Erweiterung das kantische Strukturkonzept der Erfahrung als heuristischen Leitfaden bei der Ordnung und der Verarbeitung des sprachwissenschaftlichen Materials. Cassirer fragt, wie durch die »innere Form der Sprache« (W. v. Humboldt) Anschauungsstrukturen (Raum, Zeit, Zahl, Ich-Anschauung) und darüber hinaus das begriffliche Denken erschlossen werden.

Für die Zwecke einer Einführung in die Philosophie Cassirers ist es sinnvoll, je ein Paradigma für die sprachliche Darstellung von Anschauungsstrukturen einerseits und für die Darstellung des begrifflichen Denkens andererseits zu betrachten. Zunächst soll es daher um das Thema Sprache und Zahl gehen, sodann um die Erschließung des relationalen Begriffsausdrucks durch die Sprache.[25]

Bei der Analyse des sprachlichen Zahlbegriffs geht Cassirer methodisch so vor, dass er unabhängig vom linguistischen Material den philosophischen Begriff der Zahl entfaltet. Auf diese Weise ergibt sich die Möglichkeit einer engen Verzahnung der systematischen und der genetischen Ebene der Betrachtung. Der voll entwickelte Begriff der Zahl fungiert als eine Art Maßstab bei der genetischen Anordnung. Zeitgenössischen Theoretikern der Mathematik (Frege, Dedekind, Russell und Hilbert) folgend, deutet Cassirer die Zahl als ein reines Relationsphänomen. Die Zahl ist nicht von den Dingen oder von den Eigenschaften der Dinge abzuleiten, sie ist vielmehr ein konstruktives Schema des Geistes, um numerische Strukturen darzustellen. Das Wesen der Zahl besteht in ihrer Beziehungsfunktion. Jede Zahl verweist auf eine sukzessive Ordnung, in welcher sie eine definierte Stelle inne hat. Zugleich verkörpert die einzelne Zahl eine wohlumschriebene Einheit, d.h., sie fasst eine Mannigfaltigkeit in sich zusammen. (Vgl. PSF I, 184 f.)

Folgt man diesem Gedanken, lässt sich die genetische Reihe der Zahlwörter etwa so anordnen und gliedern: In einer genetisch frühen Schicht der Sprache sind Zahlwörter mimische Handbegriffe oder Körperbegriffe. In den Sprachen der so genannten Naturvölker gehört die Zählgebärde ursprünglich zum Vorgang des Zählens mit hinzu. Man projiziert die Zahl auf Körperorgane, wie Finger, Zehen und andere Körperteile, und macht an ihnen numerische Verhältnisse sichtbar. Im Sotho – um ein instruktives Beispiel noch einmal aufzugreifen – bedeutet das Wort für »fünf« eigentlich: »Vollende die Hand!«, das Wort für »sechs«: »Springe!«, d.h. »Springe zur zweiten Hand über!« (PSF I, 188)

In einer anderen Formation der Sprache werden die Zahlwörter noch eng mit den qualitativ erfassbaren Arten der Dinge zusammengesehen. Die Zahlwörter werden entsprechend der Gegenstandsart modifiziert. Die Moanu-Insulaner haben verschiedene Zahlwörter von »eins« bis »neun«, je nachdem, ob Kokosnüsse oder Menschen, Geister oder Tiere, Bäume oder Häuser gezählt werden sollen. (Vgl. PSF I, 193) Man kann dies deuten, indem man etwa sagt: Das Bewusstsein nimmt bei der Gestaltanmutung einer Menge Unterscheidungen vor. Es ist etwas anderes, ob Menschen zu einer »Gruppe« oder Steine zu einem »Haufen« vereinigt sind, ob es sich um eine »Reihe« ruhender Gegenstände oder um einen »Schwarm« bewegter Wesen handelt.

Numerische Verhältnisse werden sprachlich nicht allein vermöge von Zahlwörtern dargestellt. Grammatikalisch dienen auch die Singular- und die Pluralbildung dazu, numerische Unterschiede kenntlich zu machen und symbolisch darzustellen. Ursprünglich muss man wohl von Formen ausgehen, die bezüglich des Numerus indifferent sind. Im Malyo-Polynesischen haben alle Wörter eine durchgehende pluralische Grundbedeutung. Nur durch individualisierende Partikeln, nicht jedoch durch sprachliche Formanzien am Wortstamm kann eine Singularbedeutung ausgedrückt werden. (Vgl. PSF I, 195) Nach dem Zeugnis der Sprachwissenschaft gab es auch bei komplexeren Sprachen Stufen solcher Indifferenz.

Eine andere grammatische Möglichkeit ist die Bezeichnung konkreter Vielheiten. Das Arabische differenziert zwischen dem beschränkten Plural für drei bis neun Einheiten und dem Vielheitsplural für zehn und mehr Gegenstände oder gar eine unbestimmte Anzahl von Gegenständen. (Vgl. PSF I, 197 f.) Die sprachliche Form fixiert hier die Anmutungsqualität einer Mehrheit. Ein systematisch verwandtes Phänomen liegt im Dualis und im Trialis vor, wird hier doch eine Zweier- oder Dreiermehrheit noch eigens grammatisch herausgehoben. Man denke in diesem Zusammenhang auch an Tatbestände von der Art, dass Zahlwörter geringeren numerischen Umfangs (etwa eins bis vier) gebeugt werden, die darüber hinausgehenden Zahlwörter jedoch nicht. Das ist im Griechischen der Fall, und abgewandelt trifft es auch für das Lateinische zu. (Vgl. PSF I, 205) Der Dualis hat seinen Ursprung in markanten Beschaffenheitsmerkmalen des menschlichen Organismus: Wir haben zwei Beine, zwei Ohren, zwei Brüste usw. Von hier wurde er auf das Paar Schuhe, das Paar Werkzeuge (Hammer und Zange) übertragen. Eine andere Ursprungsquelle des Dualis liegt in der personalen Gemeinschaftssphäre des Intimbereichs, dem »Ich« und dem »Du«. (Vgl. PSF I, 207 ff.)

Nach der Besprechung von Cassirers Analysen zur Zahl greifen wir aus seiner Sprachphilosophie noch denjenigen Teil heraus, der die sprachliche Darstellung von reinen Relationen behandelt. Methodisch geht Cassirer wiederum so vor, dass er einen systematisch wichtigen theoretischen Bezugspunkt heraushebt und an ihm dann das linguistische Material orientiert. Vom Standpunkt der Erkenntnistheorie kommt die Relationsproblematik am reinsten in der Urteilsfunktion zum Vorschein. In der realen Erkenntnis – so unterstreicht Cassirer mit Kant und Leibniz – verläuft ein stetiger Weg von der sinnlichen Empfindung über die Anschauung und die Wahrnehmung zum begrifflichen und diskursiven Erkennen. Aber erst durch das logische Urteil wird der Erkenntnisprozess zusammengefasst und gleichsam abgeschlossen. Im Urteil werden die Momente der Anschauung und des reinen Denkens zu einer Synthese gebracht. Das Relationsgefüge von Anschauung und Begriff, von Subjekt und Prädikat wird zu einer übergreifenden Einheit zusammengezogen. In der symbolischen Formenwelt der Sprache hat dieser Sachverhalt – die Synthese von Relationsgliedern – zwei Entsprechungen: erstens den Satz bzw. die Fügung von Sätzen, zweitens die Kopula »ist«.

Alle sprachlichen Elemente (Wörter, Relationspartikeln usw.) sind auf die umfassende Einheit des Satzes bezogen. In ihm erst erfüllen sie ihre Funktion. Wilhelm von Humboldt ging bei der Sprachbetrachtung von einem »Primat des Satzes vor dem Wort« aus. (Vgl. PSF I, 280 f.) Diese Annahme bewährt sich selbst bei solchen Sprachen, in denen eine relative Flexionsarmut der einzelnen Sprachelemente vorliegt. Solche »isolierenden Sprachen« – etwa das Chinesische – generieren den semantischen Sinn in der Weise, dass die Position eines Wortes im Ganzen des Satzes und der Rede von ausschlaggebender Bedeutung ist. Nicht durch eigens ausgeprägte Wort- und Lautfügungen entsteht der sprachliche Sinn, sondern durch das relationale Geflecht, in dem ein Wort steht. Die Position in der Relation gibt hier Auskunft über den sprachlichen und grammatischen Verwendungssinn der Wörter. (Vgl. PSF I, 282 ff.)

Man kann bezüglich der sprachlichen Gestaltung von Relationen zwischen eher synthetisierenden und eher analysierenden Sprachformen unterscheiden. Bei der einen Methode, der synthetischen, enthält eine sprachliche Grundeinheit eine Vielzahl von Sinnbezügen, die in einem einzigen Wort des Satzes zusammengezogen sind. Ein passendes Beispiel hierfür ist die von Wilhelm von Humboldt so genannte Einverleibungsmethode der mexikanischen Sprachen. Bei ihr ergibt sich der Sinn eines Satzes aus dem hervorgehobenen Verbum, um das sich die anderen Satzteile gleichsam herumgruppieren. (Vgl. PSF I, 244 ff., 287)

Die flektierenden Sprachen dagegen gleichen zumeist Synthese und Analyse gegeneinander aus. Einerseits impliziert die entsprechende Wortart selbst schon eine bestimmte Kategorie des Denkens: Das Substantivum impliziert die Idee eines (substanziellen) Gegenstandes, eines Objektes; das Adjektivum und das Verbum indizieren die Vorstellung eines (akzidentellen) Eigenschaftsträgers. Andererseits treten dann die synthetischen Beziehungsangaben hinzu. Durch sie wird das einzelne Wort in die höhere Einheit des Satzes aufgehoben und integriert. Man denke an die Satzregeln, aber auch an Partikeln, die eine relationale Funktion erfüllen, wie »dieser«, »dieses« usw. Hier spielt sich der Aufbau sprachlich vermittelten Sinnes einerseits durch eine »Differentiation zum Wort«, andererseits durch dessen »Integration zum Satz« ab. Differentiation und Integration sind freilich korrelative, d.h. einander ergänzende Prozesse. (Vgl. PSF I, 287 f.)

Ein weiteres Mittel der Sprache zur symbolischen Darstellung von Relationsgefügen betrifft die Verknüpfung der einzelnen Sätze untereinander. Cassirer unterstreicht, dass zunächst die Parataxe, also die gleichwertige Reihung von Sätzen bzw. Satzteilen ohne die Angabe von Relationsindizes, sowohl phylogenetisch als auch ontogenetisch vorherrscht. Selbst bei komplexeren Sprachen treten die paratakischen Reihungen lange allein auf, etwa der Ablativus absolutus im Lateinischen. Sogar bei Homer überwiegt noch die Parataxe. Ein differenziertes System der Zuordnung von Sätzen bzw. Satzteilen wird erst dann möglich, wenn die Hypotaxe zur grammatischen Form einer Sprache gehört und damit die ganze Palette von relationalen Bezügen zur Verfügung steht, also z.B. konditionale, temporale, kausale, konsekutive Zuordnungen. Die Existenz der Hypotaxe ist wiederum an die Ausbildung von Relativpronomina gebunden. (Vgl. PSF I, 289 ff.)

Das andere Mittel der Sprachen für den symbolischen Ausdruck von Relationen ist die Kopula »ist«. Cassirer zufolge dient die Kopula zur Darstellung der Synthesis als solcher, d.h. zur Darstellung von reiner Verknüpfung. Cassirer beruft sich in diesem Zusammenhang auf Kant. Der hatte gelehrt, dass das Erkenntnisurteil eine Handlung der Vernunft impliziert, durch die das Prädikat auf das Subjekt bezogen und damit zu einem Sinnganzen verknüpft wird. Dadurch werde die Einheit eines objektiv bestehenden und objektiv gegründeten Sachzusammenhangs konstituiert. Sage ich: »Der Körper *ist* schwer«, so meint dies, dass Körperlichkeit und Schwere im Objekt miteinander verbunden sind. Sie stehen also, wie Kant in seiner *Kritik der reinen Vernunft* (vgl. B 141 ff.) ausführt, nicht etwa nur in der subjektiven Wahrnehmung jederzeit zusammen. (Vgl. PSF I, 293 f.)

Der Ausdruck des Seins im Sinne einer transzendentalen Beziehungsform ist in der Formenwelt der Sprachen – so hebt Cassirer hervor – immer ein spätes und mannigfach vermitteltes Ergebnis. (Vgl. PSF I, 294) In den meisten Sprachen der so genannten Naturvölker fehlt etwas der Kopula »ist« Entsprechendes. Dort, wo sie vorkommt, ist sie mit materiell gefassten Ausdrücken vermischt, mit Wendungen für Sitzen, Stehen usw. An die Stelle des formalen Seins und des formalen Sinnes für Verknüpfungen treten mehr oder weniger dinglich gefasste Ausdrücke, die sich noch nicht von der sinnlich gegebenen Wirklichkeit gelöst haben. (Vgl. PSF I, 295)

Auch in den indogermanischen Sprachen meinte das Wort »Sein« zunächst noch Dauer (es-mi) oder auch Werden (Stamm: bheu). Im Romanischen wird der Seinsbegriff aus der anschaulichen Vorstellung des Stehens (stare) hergeleitet. Auch Kommen und Gehen können Elemente des Seinsbegriffs sein, etwa im Englischen »to become« oder im Französischen »devenir«. (Vgl. PSF I, 299 f.)

Überblickt man den sprachphilosophischen Teil von Cassirers Kulturphilosophie, so lässt sich festhalten, dass er vor allem den syntaktischen und den semantischen Potenzialen der grammatischen Formen besondere Aufmerksamkeit schenkt. Welchen sprachlich vermittelten Sinn konstituieren die grammatischen Formen vorgängig? Welche Weltsichten werden durch die Sprache als Form vorgegeben? Damit war Cassirer faktisch einer der ersten Philosophen, die, wenn auch im Gegensatz zu Wittgenstein und Heidegger, den »linguistic turn« in der Philosophie vollzogen haben, d.h. den Übergang von der Bewusstseinsphilosophie zum Denken im Zeichen der Sprache. Charakteristisch für Cassirer ist in diesem Zusammenhang, dass er die Philosophie nicht in Sprachanalyse auflöst. Sein Ziel ist vielmehr die Kulturphilosophie, die neben der Sprache auch den Mythos, die Wissenschaft, die Technik, die Kunst, die Religion systematisch in ihren Ansatz aufnimmt.

Wie angedeutet, hat Cassirer in der dritten und vierten Phase seines Schaffens eine Wende zur Anthropologie und dann zur Sozialphilosophie vollzogen. Die symboltheoretischen Grundlagen werden nicht mehr preisgegeben, wohl aber erfährt seine Kulturphilosophie hierdurch eine weitere Vertiefung.

6. Von der Kulturphilosophie zur Anthropologie

Cassirers *Essay on Man* erschien zuerst 1944. Wie Cassirer im Vorwort betont, verdankt sich das Buch dem Umstand, dass sein Autor, der sich seit 1941 in den USA aufhielt, von befreundeten Kollegen gedrängt wurde, seine *Philosophie der symbolischen Formen* ins Amerikanische zu übertragen. Cassirer selbst sah sich dazu außerstande und entwickelte stattdessen den Plan, eine Art Einführung zu diesem Werk zu schreiben. (Vgl. VM, 9-11) Darauf spielt der Untertitel *An Introduction to a Philosophy of Human Culture* an. Es sollte dabei kein »populäres Buch« herauskommen, sondern eines, das sich über Gelehrte und Philosophen vom Fach hinaus anspruchsvoll auch an ein breiteres Publikum wendete: »Die Grundprobleme menschlicher Kultur sind von allgemeinem Interesse und sollten auch dem breiteren Publikum näher gebracht werden.« (VM, 10) Das Buch sollte übertriebene fachliche und technische Details vermeiden. Es war eher eine Erklärung und Illustration, nicht jedoch eine Demonstration seiner Theorie. (Vgl. EM, VIII) Der Autor verwies diesbezüglich auf seine *Philosophie der symbolischen Formen.*

In seiner *Kritik der reinen Vernunft* hatte Kant einst schon den Übergang der Philosophie von ihrem »Schulbegriff« zu ihrem »Weltbegriff« gefordert, womit er die praktisch aufklärende Wirksamkeit der Philosophie in der Welt meinte. Diese müsse indessen stets an die »wesentlichen Zwecke der menschlichen Vernunft« (A 838 f./B 866 f.) rückgebunden werden. Mit seinem *Essay on Man* wollte Cassirer diesem Übergang der Philosophie gerecht werden. Worin liegt nun das »Neue« dieses Buchs im Vergleich zu Cassirers vorangegangenen Werken?

Schon rein äußerlich fällt auf, dass Cassirer zwei symbolischen Formen seine Aufmerksamkeit schenkt, die früher nicht analysiert und erklärt worden waren. Gemeint sind die Kapitel über die Kunst (Kapitel IX) und die Geschichte (Kapitel X). Aber die Lektüre des Buchs lehrt noch mehr: Die Gedanken über die Sprache zeigen Cassirers Verarbeitung des Strukturalismus sowie der neueren Linguistik. (Vgl. VM, 187 ff.) Folgte Cassirer früher bei der transzendentalkritischen Begründung der Sprachphilosophie vor allem Wilhelm von Humboldt, so nähert er sich nun über de Saussure und Trubetzkoy dem linguistischen Relativismus, d.h. der Einsicht in die prinzipielle Sprachbedingtheit von Weltbildern. Der linguistische Relativismus wurde vor allem von Cassirers Zeitgenossen Edward Sapir (1884-1939) und Benjamin Lee Whorf (1897-1941) vertreten. In Linguisten wie Otto Jespersen (1860-1943) und Johannes Hjelmslev (1873-1950) sah Cassirer im Gegenzug freilich das humboldtsche Programm einer universellen, einer allgemeinen Grammatik wiederauferstehen.

Breiten Raum nehmen in den Ausführungen Cassirers die Beschreibungen des Spracherwerbs der Taubstummen-Blinden Laura Bridgman und Helen Keller ein. Sie sollen, wie der Kontext (vgl. VM, 62 ff.) zeigt, dartun, dass wir mit dem Erwerb der Sprache zugleich eine »neue« Welt betreten, die sich der Wirksamkeit des Symbolisierens verdankt. Cassirer will zeigen, dass die Sprache zu den »Monopolen« des Menschen gehört. Er bedient sich der von Charles W. Morris getroffenen Unterscheidung von Signalen und Symbolen, um seine Annahme zu untermauern, dass nur den Menschen die Fähigkeit zu symbolischer Fantasie und zu symbolischer Intelligenz eignet. (Vgl. VM, 58-60) Damit greift Cassirer in die damaligen Debatten über menschliche und tierische Intelligenz ein. Cassirers Antwort: Tiere verfügen sehr wohl über die Fähigkeit, Zeichen zu verstehen. Darüber hinaus ist das Vermögen zur mimischen und gestischen Kommunikation, etwa bei Affen, deutlich ausgeprägt. Schließlich verfügen die Anthropoiden durchaus über pragmatische Intelligenz, d.h., sie können Ziele verfolgen, die eine gegebene Situation und ein gegebenes Gesichtsfeld überschreiten. Gestützt auf das Zeugnis von Forschern wie Yerkes, Révész, Köhler, Pfungst, Pawlow u.a., kommt Cassirer dennoch zu dem Schluss, dass es den Tieren an der spezifisch symbolischen Intelligenz mangelt. (Vgl. VM, 53-56)

Die von Cassirer getroffenen begrifflichen Unterscheidungen von »Zeichen« (sign) und »Symbol«, von »emotionaler Sprache« (emotional language) und »propositionaler Sprache« (propositional language), von »praktischer Fantasie und Intelligenz« (practical imagination and intelligence) vs. »symbolischer Fantasie und Intelligenz« (symbolic imagination and intelligence) wollen eine Grenzscheide zwischen den höchsten Formen der animalischen Intelligenz und der spezifisch humanen Intelligenz markieren. Fragen nach plausiblen Abgrenzungskriterien von Mensch und Tier standen seit den Zwanzigerjahren des 20. Jahrhunderts im Zentrum der Debatten über Grundfragen der philosophischen Anthropologie. Im deutschen Sprachbereich waren es vor allem Max Scheler, Arnold Gehlen und Helmuth Plessner, die versucht hatten, eine philosophische Anthropologie zu begründen.[26] Cassirer beruft sich nicht zuletzt auf das Zeugnis von Max Scheler, um anzudeuten, dass ein neuer Weg in der Anthropologie einzuschlagen sei.

Die philosophische Anthropologie wollte aus dem Vergleich von Mensch und Tier – und hier liegen die Berührungspunkte mit Cassirers *Essay on Man* – empirisch gehaltvolle Argumente schöpfen, welche es philosophisch erlauben, die Wirklichkeit des Menschen jenseits des cartesianischen Dualismus von »Körper«

und »Geist« zu denken. Gehlen intendierte eine empirische Philosophie in der Nachfolge Humes und in der Nähe zum Pragmatismus John Deweys, Plessner erstrebte eine Reform der Transzendentalphilosophie durch die Einführung eines materialen Apriori, während Scheler die Stellung des Menschen im Kosmos durch seine gottähnliche Geistigkeit charakterisiert sah. Die Erneuerung der Philosophie, die diesen Denkern vorschwebte, war nötig, weil man die Metaphysik als beendet und obendrein als eine zu überwindende Gestalt der Philosophie erachtete. Dieser antimetaphysische Impuls findet sich auch, wie wir schon anhand der Erkenntnisproblematik sahen, bei Cassirer.

Neben dem antimetaphysischen Impuls verbindet Cassirers *Essay on Man* der Versuch, aus einem strukturellen Kern das Sein des Menschen zu erklären, mit der philosophischen Anthropologie. Bei Plessner ist es die »exzentrische Positionalität«, bei Gehlen die Bestimmung des Menschen als eines biologischen »Mängelwesens«, woraus die Wirklichkeit des Menschen gedeutet werden soll. Bei Cassirer ist dieser strukturelle Kern die »symbolische Ideation«, die ihm als das genuine Monopol des Menschen gilt. Für alle drei Denker ist es der Seitenblick auf das Tier, der zu einem, wenn schon nicht »substanziellen«, so doch »funktionalen« Bild vom Menschen führen soll. Hier wie dort gilt als Ausgangspunkt eine tief greifende Krise im Selbstverständnis des Menschen.

An den Beginn seiner Schilderung der wechselvollen Geschichte der philosophischen Anthropologie (vgl. VM, 15-46) stellt Cassirer die These, dass alle philosophischen Schulen, so unterschiedlich sie auch sein mögen, darin übereinkommen, die Selbsterkenntnis (self-knowledge) als das höchste Ziel zu setzen. Mit dem Skeptiker Montaigne betont Cassirer aber sogleich, wie schwer dieses Ziel zu verwirklichen sei. Denn wollte man dieses Ziel mit der Methode der psychischen Introspektion realisieren, hätte man sofort den von vielen Psychologen faktisch akzeptierten Behaviorismus gegen sich. Dieser bietet sich zwar als probate Warnung gegen methodologische Irrtümer der Psychologen an, löst aber nicht wirklich die Probleme. Selbst dann, wenn die Introspektion ihre Dienste erfüllt, gelangt man lediglich zu einem »fragmentarischen Bild von der menschlichen Natur«.

Ein vollständigeres Bild des Menschen erhält man, wenn man mit Aristoteles den Menschen als ein Lebewesen begreift, das in stetigem Kontakt mit der natürlichen Umgebung steht. Dabei verrichten vor allem die Sinne ihren Dienst. Sie zu betätigen erfüllt uns immer wieder mit großer Freude, zeigen sie uns doch die unermesslich vielen Unterschiede zwischen den Dingen. Das Zeugnis der Mythen kann uns jedoch darüber belehren, dass der Mensch neben der Tendenz nach außen, d.h. der Neigung, Bilder des kosmischen Ganzen zu entwerfen, zugleich auch die Tendenz zur Beschäftigung mit sich selbst verspürt. Durch die Religionen wird diese Doppelperspektive »nach außen« und »nach innen« verstärkt. Das Ziel, sich selbst zu erkennen, wird von den Weltreligionen geradezu zur ersten Pflicht des Menschen erhoben.

Dieses Prinzip der doppelten Richtung bildet sich auch im Entwicklungsgang der antiken Philosophie ab. Hier dominierten zunächst kosmologische Fragen. Aber schon jeder Denker der physiologischen Schulen der Antike verbindet die Erkenntnis der äußeren Natur mit der Entfaltung von jeweils neuen Denkweisen. Bei Pythagoras ist es die Mathematik, bei den Eleaten ist es das logische Denken. Heraklit, selbst an der Grenzscheide von kosmologischem und anthropologischem Denken stehend, fordert bereits das Interesse für beide Gebiete.

Erst mit Sokrates wird jedoch die Frage »Was ist der Mensch?« zum Dreh- und Angelpunkt der Philosophie. Sie lenkt alle anderen Bestrebungen und Erkenntnisse. Das »einzige Universum«, so Cassirer, das Sokrates kenne und das der Untersuchung für würdig befunden werde, sei das »Universum des Menschen«. »Seine Philosophie – wenn er denn eine solche besitzt – ist strikt anthropologisch.« (VM, 20) Doch Sokrates bietet keine Lösungen für die Frage nach dem Menschen an, sondern eher eine Methode der Untersuchung, den Dialog. »Wahrheit ist wesentlich Ausdruck von dialektischem Denken.« (VM, 21 f.) Es geht um das Durchdenken des verantwortlich geführten Lebens.

Cassirer lässt die antike Anthropologie im Stoizismus des römischen Imperators Marc Aurel auslaufen. Dessen Sichtweise beruht auf einem unerschütterlichen Vertrauen sowohl in die äußere Natur als auch in die Kraft des sich autark definierenden Selbst; beide sollen sich harmonisch zusammenfügen. Durch diese beiden Prinzipien, das Prinzip der Verflochtenheit des Menschen in die Natur und das Prinzip der Autonomie, wurde das antike Denken nachdrücklich geformt und in Atem gehalten.

Es kennzeichnet den Verlauf der Geschichte der Anthropologie, dass diese sich nicht, wie die anderen Disziplinen der Philosophie, in dialektischen Schüben, mit Antithesen und erneuten Synthesen, fortbewegt, sondern in dramatischen Sprüngen; denn hier sind die Leidenschaften und Affekte formative Faktoren der Theorie selbst. So gibt es einen ständigen Kampf zwischen dem Stoizismus und dem christlichen Denken. Die von den Stoikern favorisierte Unabhängigkeit des Menschen gegenüber seiner konkreten Lebenswelt wurde im Zeichen des Christentums zur größten Sünde erklärt.

Augustinus etwa, der der mittelalterlichen Anthropologie ein unverkennbares Profil verlieh, verwarf das antike Vertrauen auf die Vernunft. Sie vermag uns nicht den Weg zu Klarheit, Wahrheit und Weisheit zu zeigen, solange sie nicht religiös erleuchtet wird. Denn der Mensch verfügt nach Augustinus über eine Doppelnatur. Er ist Ebenbild Gottes, zugleich aber ist nach dem Sündenfall seine Vernunft verdunkelt. Nur die göttliche Gnade vermag ihm weiterzuhelfen. Auch Thomas von Aquin preist die Kraft der menschlichen Vernunft analog zu den antiken Philosophen. Und doch muss selbst für ihn die Vernunft der Menschen gelenkt und erleuchtet werden durch die Gnade Gottes.

Die Anthropologie der Moderne begann mit Blaise Pascal und dem Aufweis der Gespaltenheit des Menschen. Neben der Feier der modernen Wissenschaften steht die Ungewissheit und Unsicherheit des Menschen. Weder gibt es eine Brücke zwischen dem »esprit de la géométrie« und dem »esprit de la finesse« noch lassen sich der Szientismus und die Religion substanziell miteinander versöhnen. Der Mensch ist sich selbst das größte Rätsel. Das Vertrauen auf die göttliche Gnade ist entschwunden. Dem »Deus absconditus« steht der »homo absconditus« gegenüber. Die Religion, mit deren Hilfe sich der Mensch erkennen soll, ist eine »Logik der Absurdität« (logic of absurdity) geworden. (Vgl. VM, 32) Während Giordano Bruno in der Renaissance noch die Unendlichkeit der Welt hymnisch gefeiert hatte, ängstigte den Geometer Pascal die »ewige Stille der unendlichen Räume«.

Cassirer sieht die neuzeitliche Anthropologie bis in das 17. Jahrhundert hinein beflügelt durch die Frage nach der Bedeutung der Wissenschaften für die Welt der Menschen. Da ist jedoch zunächst Montaigne, der Skeptiker gegenüber jeglichem System, der auf eine Untersuchung der Welt des Privaten aus ist. Er erfährt die Regungen der Natur, die den Erfahrungshorizont des Einzelnen berührt, ohne doch zu einer universellen Theorie der Naturerscheinungen imstande zu sein. Galilei, Descartes, Leibniz und Spinoza dagegen: Sie alle haben das neuzeitliche Wissen von der Natur in ein konfliktreiches Spannungsverhältnis zur Erkundung der Welt der Menschen gebracht. Für Galilei ist die Geometrie eine göttliche Wissenschaft. Durch sie kann der menschliche Geist sich auf beschränktem Gebiet mit der Allwissenheit Gottes messen. Für Descartes ist die Idee des Unendlichen, die der menschliche Geist in sich fassen kann, die Garantie für die Erkenntnis Gottes und damit indirekt der äußeren Realität. Leibniz meint, dass vermöge der neuen Methode der Infinitesimalrechnung die äußere Natur erkennbar werde, und zwar als der Niederschlag der allgemeinen Gesetze der Vernunft. Spinoza erfindet eine »mathematische Theorie der moralischen Welt«, in der die Affekte und Leidenschaften der Menschen aus einem geometrischen Blickwinkel analysiert und beschrieben werden. Auf diesen Wegen kommt es zu einer »Philosophie des Menschen«, welche die Welt der Menschen aus einem universellen Gesichtspunkt in den Blick nimmt, jenseits der früheren mittelalterlichen, »anthropozentrischen« Enge und Beschränktheit. »Die mathematische Vernunft ist das Bindeglied zwischen Person [man] und Universum.« (VM, 37)

Im 19. Jahrhundert bahnte sich ein letzter großer Paradigmenwechsel in der Anthropologie an. Die Reflexionen über den Menschen gerieten in den Sog der Biologie. Diese Disziplin löste die frühere Vorherrschaft der Mathematik ab. Mit Darwins Werk *On the Origin of Species* setzte der Siegeszug der biologischen Evolutionstheorie ein. Der Gesichtspunkt der Evolution der Natur ist keineswegs neu, sondern hat seine Wurzeln bei Aristoteles. Doch dieser wollte eine »formale« Evolutionstheorie der Natur, während die Theoretiker des 19. Jahrhunderts eine materiale Theorie anstrebten. Aristoteles ließ sich methodisch noch von der Annahme leiten, dass die Formen des organischen Lebens aus den höheren Gestalten, und das hieß für ihn: aus Formen des menschlichen Lebens, zu begreifen wären. Die Klassiker des 19. Jahrhunderts kehrten den Spieß um. Darwin wollte die Biologie vom Irrtum der Zweck-Ursachen (final causes) reinigen. Nur materiale Ursachen könnten das Telos der Forschung sein. Die zufälligen Veränderungen der Arten seien hinreichend, um die Transformationen von den einfachsten Formen des Lebens in einem Protozoon bis zu den höchsten komplizierten Formen zu verstehen.

Durch Autoren wie Hippolyte Taine wurde das Prinzip der Evolution, das bei Darwin noch auf die organische Natur beschränkt war, auch auf die Kultur übertragen. Die Kultur erscheint so als ein Kräftespiel verschiedener Faktoren, das man ebenso neutral studieren kann wie das der mechanischen Natur. Durch Nietzsche, Freud und Marx schließlich vollzog sich die weitere »Entzauberung« der Menschenwelt. Die philosophische Anthropologie war in eine disparate Vielfalt zerfallen: Wille zur Macht, Sexualität als Grundtrieb des Menschen, die Peitsche der ökonomischen Triebkräfte.

Die Krise der Anthropologie war damit komplett. Waren auf früheren historischen Stufen nacheinander die Metaphysik, die Theologie, dann die Mathematik und die Biologie jene Kräfte, welche die Anthropologie lenkten und ihr jeweils ein einheitliches Gepräge verliehen, so trat zu Beginn des 20. Jahrhunderts eine Situation ein, in der kein zentrierendes Konzept mehr bestand, um die Wirklichkeit des Menschen zu begreifen. Als Zeugen für die Krise der philosophischen Lehre vom Menschen ruft Cassirer, wie wir bereits gesehen haben, Max Scheler auf.

Ein weiterer Beleg für Cassirers Nähe zur philosophischen Anthropologie ist seine Bezugnahme auf Herder. Dieser hatte in seiner Abhandlung *Über den Ursprung der Sprache* von 1772 betont, dass der Mensch über das Vermögen zur Reflexion verfüge und dass diese Fähigkeit zur Distanznahme vor allem durch die Sprache habitualisiert und ausgebildet werde. Sowohl Cassirer (vgl. VM, 69 f.) als auch anthropologische Autoren wie Arnold Gehlen berufen sich auf Herder als Schlüsselfigur in Sachen Anthropologie, auch wenn sie von den »spekulativen« Resten im Denken Herders Abstand nehmen.

Cassirers eigene Antwort auf die Krise der Anthropologie ist seine Lehre vom Symbol. Der Mensch ist das Wesen, das über Symbole verfügt und das sich sein Selbstverständnis und seine Ansicht der Welt durch den Gebrauch von Symbolen verschafft. Wir schauen der Welt nicht unmittelbar ins Gesicht, sondern zwischen die Wirklichkeit und uns schalten wir Symbole. Wir bewegen uns in vielfältigen Netzen von Symbolen.

Bemerkenswert ist, dass Cassirer seine Theorie des Symbols im Anschluss an die neuere Verhaltensforschung einführt. Der Biologe Johannes von Uexküll hatte im ersten Drittel des 20. Jahrhunderts eine Theorie entwickelt, der zufolge das Dasein der Tiere nur verständlich wird, wenn man es als zugehörig zu je spezifischen Welten interpretiert. Die selektiven Mechanismen der Wahrnehmung führen zu je besonderen »Merkwelten«, denen entsprechende »Wirkwelten« koordiniert sind. Auf Studien der jeweiligen anatomischen Struktur der Tiere mit den darin eingeschlossenen sensorischen Organen der Arten folgten daher solche zu den Verhaltensweisen. Es ergab sich die Lehre von den Funktionskreisen der Tiere. (Vgl. VM, 47 f.)

Cassirer führt seine eigene Lehre vom Menschen mit der These ein, dass sich beim Menschen das Symbol-System zwischen das »Merknetz« und das »Wirknetz« schiebe: Wir »finden [...] beim Menschen ein drittes Verbindungsglied, das wir als ›Symbolnetz‹ oder Symbolsystem bezeichnen können. Diese eigentümliche Leistung verwandelt sein ganzes Dasein. Verglichen mit den anderen Wesen, lebt der Mensch nicht nur in einer reicheren, umfassenderen Wirklichkeit; er lebt sozusagen in einer neuen *Dimension* der Wirklichkeit.« (VM, 49) Diese neue Realität, mit Herder durch das Vermögen zur Reflexion bezeichenbar, wird konstituiert durch das Universum der Symbole. Der Mensch

»lebt nicht mehr in einem bloß physikalischen, sondern in einem symbolischen Universum. Sprache, Mythos, Kunst und Religion sind Bestandteile dieses Universums. Sie sind die vielgestaltigen Fäden, aus denen das Symbolnetz, das Gespinst menschlicher Erfahrung gewebt ist. Aller Fortschritt im Denken und in der Erfahrung verfeinert und festigt dieses Netz. [...] Statt mit den Dingen hat es der Mensch nun gleichsam mit sich selbst zu tun. So sehr hat er sich mit sprachlichen Formen, künstlerischen Bildern, mythischen Symbolen oder religiösen Riten umgeben, daß er nichts sehen oder erkennen kann, ohne daß sich dieses artifizielle Medium zwischen ihn und die Wirklichkeit schöbe.« (VM, 50)

Es dürfte deutlich geworden sein, dass Cassirers *Essay on Man* neue Grundlagen für eine philosophische Anthropologie schaffen will. Cassirer sieht in der Fähigkeit des Menschen zur Entwicklung von Symbolen und zur Schaffung eines symbolischen Mediums das den Menschen spezifisch kennzeichnende Vermögen. Symbole sind die Instrumente, mit denen der Mensch sich eine Erkenntnis der Welt und ein Wissen von sich selbst erarbeitet. Cassirer betrachtet es als eine Konsequenz seiner um das Symbolkonzept zentrierten Anthropologie, dass sie neues Licht auf die spezifisch menschliche Erfahrung von Raum und Zeit wirft. Ferner gestattet die Annahme des Symbolischen die nur dem Menschen eigene Fähigkeit zu erklären, neben der faktischen eine »ideale« Welt zu entwerfen. Diese beiden Aspekte sollen abschließend noch zur Sprache kommen.

Cassirer will zeigen, dass der Mensch über verschieden dimensionierte Typen von Raumerfahrungen verfügt. Dem Menschen stehen mehrere Sinnperspektiven offen, auf die hin er seine räumlich-sinnlichen Erfahrungen orientieren kann. Da ist zunächst der organische Raum. Jedes Lebewesen hat, will es überleben, die Leistung zu erbringen, sich den wechselnden Umgebungen anzupassen. Es sind dies Prozesse, die ohne individuelle Nuancierungen ablaufen; sie verlaufen gemäß genetischen Codes. (Vgl.

VM, 72 f.) Den organischen Raum teilen die Menschen mit den Tieren.

Für Cassirer verläuft die definitive Grenzscheide zwischen Mensch und Tier entlang des Konzepts vom symbolischen Raum (vgl. VM, 74-83), also des in der Geometrie stilisierten Raumes, der ein homogener, universaler Raum ist. Er transzendiert alle partikularen sinnlichen Erfahrungen, seien sie nun visuell, taktil, akustisch oder olfaktorisch. Der geometrische Raum gründet in einer spezifischen Abstraktion vom Sinnlichen. Die Punkte und Linien der Geometer haben keine Entsprechungen in physischen Dingen oder psychischen Gegebenheiten. Sie erfüllen lediglich die Funktion, Relationen zu symbolisieren. Der geometrische Raum ist ein formales Schema, das ein geordnetes Nebeneinander der Phänomene ermöglicht.

Die Geometrie ist die Voraussetzung der Astronomie, d.h. der Wissenschaft von der räumlichen Ordnung im Kosmos. Der Ursprung der Astronomie liegt in Babylonien. Wie Cassirer betont, war dies kein Zufall, sondern es geschah, weil den Babyloniern eine symbolische Algebra zur Verfügung stand. Diese wiederum hatte eine ihrer Wurzeln in dem Bedürfnis, abstrakte Symbolismen auszubilden, um die Kommunikation zwischen den zwei Kulturen Babylons, der Kultur der Akkadier und derjenigen der Sumerer, zu ermöglichen.

In Bezug auf die Zeit verläuft die Grenze von organischem bzw. tierischem und menschlichem Leben auf der Ebene eines alle drei Dimensionen umfassenden Zeitbewusstseins. Cassirer argumentiert gegen den Physiologen Ewald Hering (1834-1918) und den Zoologen Richard Semon (1859-1918), denen zufolge das Gedächtnis nichts anderes sein sollte als die engrammatische Speicherung von Reizen. Für Cassirer dagegen gehören zu den Leistungen des Gedächtnisses Prozesse des Wiedererkennens und der Identifikation (recognition and identification), es geht mithin um das Einfügen von vergangenen Ereignissen in eine »serielle Ordnung« (VM, 85). Hierbei kommt es zu »Intensivierungen« (Bergson), d.h. zu Verschiebungen der Phänomene ineinander, zu ihrer Verdichtung. (Vgl. VM, 86)

Zur Welt des Menschen gehört neben der Verarbeitung von gerade Erlebtem auch das Bewusstsein der Zukunft. Dieses Bewusstsein umfasst das Moment der Antizipation. Sieht man einmal vom Instinkt ab, also von der genetischen Codierung der Zukunft, kann man sagen: Tiere verfügen lediglich rudimentär über das Vermögen, die unmittelbare Gegenwart auf die Zukunft hin zu überschreiten und planmäßig zu handeln, wie Cassirer im Einklang mit dem Zoologen Wolfgang Köhler unterstreicht. (Vgl. VM, 90) Symbolische Zukunftsentwürfe etwa, wie sie von den religiösen Propheten erarbeitet wurden, gehören zu den spezifisch kulturellen Leistungen der Menschen.

Was leistet nun das Konzept des Symbols für die Unterscheidung von Tatsachen und Ideen (ideals)? Zunächst gibt Cassirer einen indirekten Beweis. Er beruft sich auf das Zeugnis der Psychopathologie, der zufolge Patienten, die an Aphasie leiden, damit zugleich die Fähigkeit zur Unterscheidung von Tatsächlichem und Möglichem einbüßen. Das wiederum führt zu einer Beeinträchtigung des flexiblen Handelns. Cassirer argumentiert hier, dass das Denken in Symbolen mit »Bedeutung« zu tun hat. Die Bedeutung eines Sachverhalts aber ist nicht dinglicher Natur. Das Verstehen von Bedeutung setzt die Fähigkeit voraus, Wirklichkeit und Möglichkeit strikt unterscheiden zu können. (Vgl. VM, 94 f.)

Schon eine einfache Reflexion auf die Rolle des Faktischen in den Wissenschaften kann zeigen, dass neben Tatsachen stets auch idealisierende Hypothesen unerlässlich sind. So ging Galilei beim Entwurf seiner Dynamik von der Hypothese eines isolierten Körpers aus, der sich ohne Einfluss der Umgebung fortbewegt.

Es war kein wirklicher, sondern ein bloß möglicher Körper unterstellt. Die Entdeckung des Prinzips der Trägheit war weder evident, wie das Denken der Antike und des Mittelalters demonstriert, noch natürlich. Galilei kam demnach zu einer Theorie der Bewegung nur, indem er vom hypothetisch Möglichen ausging.

Die Geschichte der Mathematik zeigt darüber hinaus, dass die Einführung von »imaginären« Zahlen sowie später die Projekte einer nichteuklidischen Geometrie stets die Einsicht stärkten, dass Arithmetik und Geometrie eigentlich nicht Theorien von Dingen, sondern Theorien von Symbolen sind. Genauer: Man war sukzessive gezwungen, den symbolischen Charakter der Mathematik einzugestehen. Die Einsicht in die symbolische Struktur der Mathematik ergab sich Zug um Zug in dem Maße, wie die bis dahin geltenden Theorien zu Inkonsistenzen führten.

Dass auch auf dem Gebiet der praktischen Philosophie die mit dem Symbolischen verbundene Imagination des Möglichen Erklärungswert haben kann, zeigen die Beispiele von Thomas Morus und Jean-Jacques Rousseau. Der eine zeichnet eine soziale Utopie, eine »ideale« Welt des Nirgendwo. Er tut dies in der Absicht, Engpässe und Aporien der praktischen Welt seiner Zeit zu überwinden. Rousseau beginnt seinen *Discours sur l'origine et les fondements de l'inégalité parmi les hommes* mit der Beteuerung, dass er nicht mit historischen Wahrheiten, sondern lediglich mit »hypothetischen und bedingten Überlegungen« einsetze, um den Zustand der faktischen Welt zu erklären. Seine Hypothesen seien aber nichts Außergewöhnliches, da sie durchaus mit dem zu vergleichen seien, was Physiker tagtäglich praktizierten, wenn sie über den Anfang der Welt sprächen. Für Cassirer ergibt sich daraus, dass Rousseaus Mensch der Natur (l'homme de la nature), der an die Stelle des konventionellen, des vergesellschafteten Menschen (l'homme de l'homme) treten soll, ein symbolischer Begriff sei.

Zusammenfassend kann man sagen: Das Konzept des Symbols erlaubt nicht nur, die für den Menschen so charakteristischen Formen von Raum und Zeit angemessen und insofern in ihren verschiedenen Facetten zu erklären. Das Konzept des Symbolischen ist vielmehr geeignet, den für das Erkennen und das Handeln der Menschen konstitutiven Unterschied zwischen der faktischen Welt einerseits und der möglichen, hypothetischen bzw. idealen Welt andererseits zu erklären und einsichtig werden zu lassen.

7. Kunst als symbolische Form

Man kann sich nur schwer eine Anthropologie vorstellen, die am Thema der Kunst vorbeigeht. Wurde sie doch von nahezu allen anthropologischen Schulen, wenn auch mit ganz unterschiedlichen Begründungen, zu den Monopolen des Menschen gerechnet. Was hat Cassirer aus der Warte seiner anthropologischen Kulturphilosophie zu diesem Thema beizutragen?

Eine auf Vollständigkeit abzielende Erörterung des Themas müsste viele Facetten integrieren, in denen sich Cassirers Auseinandersetzung mit der Ästhetik niedergeschlagen hat. Da wären zunächst *Freiheit und Form* (1916) sowie die spätere *Philosophie der Aufklärung* (1932) zu beachten, in denen es jeweils um die Grundlegung der neuzeitlichen Ästhetik durch Alexander Gottlieb Baumgarten geht. (Vgl. PA, 368 ff.)[27] Außerdem wäre zu denken an eine Reihe von Vorträgen des späten Cassirer über das Verhältnis von Sprache und Kunst sowie über den pädagogischen Wert der Kunst.[28] Schließlich wäre unter einem systematischen Aspekt die Stellung der Kunst im System der symbolischen Formen insgesamt zu reflektieren. (Vgl. etwa STS, 1 ff., 93 ff.) Doch Cassirers Ausführungen sind zumeist aperçuhaft und kurz. Zu dem geplanten systematischen Buch über Kunstphilosophie kam es nicht.[29]

Sodann hätte man die vielen konkreten Analysen von meistens literarischen Werken, literarischen Epochen und Stilen zu berücksichtigen. Die Deutung der Literatur zieht sich durch alle Schaffensperioden Cassirers hindurch, von den frühen Analysen zu Lessing, Goethe und Schiller in *Freiheit und Form* von 1916 (Kap. IV und V), die fortgesetzt und erweitert wurden in dem Werk *Idee und Gestalt* aus dem Jahr 1924, in dem neben Goethe und Schiller auch Hölderlin und Kleist ausführlich analysiert werden, bis zu *Goethe und die geschichtliche Welt* von 1932. In der Schrift *Die Platonische Renaissance in England und die Schule von Cambridge* (1932) gibt Cassirer eine Würdigung des Komischen in den Romanen und Dramen der Renaissance. Schließlich hat Cassirer in seinem Werk *Descartes* (1939) dessen Theorie der Affekte sich spiegeln lassen in der Welt der Dramen Corneilles. Noch 1945, kurz vor seinem Tod, hat Cassirer in einem Aufsatz Thomas Manns Goethe-Bild analysiert.[30]

Aber auch diese Aufzählung ist noch keineswegs vollständig. Es gibt aus Cassirers Feder eine Fülle von Betrachtungen und Aufsätzen zur antiken Ästhetik, zur Ästhetik der Renaissance, zum Verhältnis von Schiller und Shaftesbury usw. Statt eine auf Vollständigkeit abzielende Erörterung von Cassirers Äußerungen zu Kunst und Ästhetik zu geben, möchte ich mich in diesem Kapitel auf die bescheidenere Aufgabe beschränken, exemplarisch Cassirers Konzeptualisierung der Kunst im *Essay on Man* darzustellen. Der Akzent liegt weiterhin auf einer anthropologischen Fragestellung: Warum hat die Kunst für den Menschen eine wichtige Funktion und worin besteht diese? Welches ist die Stellung der Kunst im »System« der Kultur?

Die Ausführungen Cassirers im *Essay on Man* (vgl. VM, 212-261) lassen sich von der Annahme leiten, dass erst Kant in der *Kritik der Urteilskraft* »einen klaren und überzeugenden Beweis für die Autonomie der Kunst« (VM, 212) geliefert hat. Denn: »Alle älteren Systeme hatten entweder in der Sphäre theoretischer Erkenntnis oder in der Sphäre der Moral nach einem Maßstab für die Kunst gesucht.« (VM, 212) Selbst Baumgarten war es noch nicht beschieden, der Kunst einen autonomen Status als eine symbolische Form zu verleihen, weil und sofern er die Kunsttheorie an einer »gnoseologia inferior« orientierte. Mit seiner »gnoseologia inferior« wollte Baumgarten eine der sinnlichen Wahrnehmung, der Einbildungskraft und den Emotionen Rechnung tragende Erkenntnislehre entwickeln, im Gegenzug zur Logik im traditionellen Sinne, der »gnoseologia superior«, einer reinen Logik des diskursiven Erkennens. Aber aus der Sicht Cassirers akzentuierte Baumgarten damit zu stark die erkenntnismäßigen Züge der Kunst.

Von Aristoteles bis zu Charles Batteux, der 1747 die Schrift *Les beaux arts reduits à un même principe* publiziert hat, stand die Theorie der Kunst im Zeichen des Nachahmungsprinzips. Aristoteles unterstrich die Freude, die wir Menschen an der Nachahmung von Kindesbeinen an empfinden (Poetik, 4, 1448b 5-17), und brachte diese Freude in einen Zusammenhang mit der Erfahrung der vielfältigen Bedeutung, die die Dinge für uns haben können. Ob man das Prinzip der Nachahmung später verfeinerte, um damit der Kreativität der Künstler besser gerecht zu werden, oder ob man die Nachahmung als Imitation der »schönen Natur« deutete, stets verfing man sich in Aporien. Immer wurde die Kunst an etwas außerhalb ihrer selbst Liegendem gemessen.

Die dazu konträre Position unternahm den Versuch, die Kunst an der Subjektivität der Künstler zu orientieren. In diesem Fall wurde die Kunst als Nachahmung der »inneren Welt« des Gefühlslebens, der Emotionen und der Affekte gedeutet. Das geschah etwa bei Rousseau oder bei dem englischen Romantiker William Wordsworth, der die Kunst als »the spontaneous overflow of powerful feelings« interpretierte. Erst Goethe indessen brachte den eigentlichen Durchbruch, indem er die Kunst als »charakteristische Kunst« deutete. Diesen Begriff muss man freilich adäquat verstehen. Dann besagt er: Die Expressivität des Künstlers ist rückgebunden an objektive Werte. Kunst ist nicht

Nachahmung, sondern eher Formung. Aus diesem Grunde geht auch Benedetto Croces ausschließliche Akzentuierung des expressiven Ausdrucks in die Irre, weil er von den formalen und damit den technischen Aspekten des Kunstwerks absieht.

Nach seinem Durchgang durch die Begriffsgeschichte resümiert Cassirer: »Gleich allen anderen symbolischen Formen ist auch die Kunst keine bloße Nachbildung einer gegebenen Wirklichkeit. Sie ist einer der Wege zu einer objektiven Ansicht der Dinge und des menschlichen Lebens. Sie ist nicht Nachahmung, sondern Entdeckung von Wirklichkeit.« (VM, 220) Damit indessen stellt sich das Problem der Eigenart der Kunst als einer symbolischen Form erneut, denn entdeckend und objektivierend sind ja auch die anderen Formen. Cassirer dringt zu einer eigenen Theorie jedoch durch die Annahme vor, dass die Kunst auf Aspekte der Formen der Gegenstände und der Welt gerichtet sei. Die Kunst lässt die Formen der Welt sehen, ohne diese zu erklären. Während die Wissenschaften danach streben, mit Begriffen und Symbolen, vor allen Formeln, die Wirklichkeit strukturell zu erklären, evoziert der Symbolismus der Kunst im Betrachter ästhetische Erlebnisse, die reicher und komplexer sind als die Sinneserfahrungen des Alltags: »Unsere ästhetische Wahrnehmung [...] schließt unendliche Möglichkeiten in sich, die in der gewöhnlichen Sinneserfahrung unverwirklicht bleiben.« (VM, 233) Im amerikanischen Original fällt in diesem Zusammenhang der für Cassirer so wichtige Begriff der Prägnanz: »Aesthetic experience [...] is pregnant with infinite possibilities which remain unrealized in ordinary sense experience.« (EM, 145) Die Entdeckung der Unausschöpflichkeit der Aspekte der Dinge ist eines der größten Privilegien der Kunst und macht ihren eigentlichen Charme aus.

Die Kunst löst und befreit uns aus den Beschränkungen, unter denen wir angesichts der Zwänge des Alltags die Dinge erfahren. Die Sensibilität des Künstlers muss sich diesen Zwängen verweigern, will sie die »ästhetische Gemeingültigkeit« im Sinne Kants erreichen. Ihr ist es zu verdanken, dass die Kunst zur »universal communicability« (EM, 145) beiträgt. Die künstlerische Sensibilität enthüllt die Formen der Dinge, indem sie diese allererst sichtbar macht. Die Kunst fixiert die höchsten Momente der Erscheinungen, wie Cassirer mit Goethe sagt.

Die Verdächtigungen, die man von Platon bis Tolstoi der Kunst gegenüber geäußert hat, weil sie die Affekte und die Leidenschaften der Menschen errege und auf diese Weise die moralische Ordnung des Lebens untergrabe, sind zurückzuweisen. Denn erstens handelt es sich in der Kunst um Darstellungen von Leidenschaften, mit deren Hilfe wir in Distanz zu ihnen treten können. Zweitens führt – und das hat schon Aristoteles richtig gesehen – die Intensivierung des Gefühlslebens, welche die Kunsterfahrung mit sich bringt, eher zu einem Gefühl der Ruhe. Aber diese Ruhe ist eine dynamische und keine statische. Der verwickelte Lebensprozess mit seinen Polen von Freude und Leid, von Hoffnung und Furcht ist es, der sich in den Werken der Kunst in seiner ganzen Breite zum Ausdruck bringt. Drittens wollen selbst die Komödiendichter und die satirischen Schriftsteller gar nicht über das menschliche Leben moralisieren und moralische Verurteilungen aussprechen. Sie nehmen vielmehr das menschliche Leben so hin, wie es ist, mit seinen Schwächen und Fehlern, seinen Torheiten und Lastern. Die »comic catharsis« (EM, 150) führt zu einer sympathetischen Vision des Lebens, nicht zu dessen moralischer Verurteilung.

Aber selbst dann, wenn die Kunst als eine eigenständige symbolische Form bezüglich der theoretischen Erkenntnis und der Normen des Handelns anerkannt wird, muss die Philosophie sich darum bemühen, die Eigenart der künstlerischen Imagination zu umgrenzen. Es geht um so etwas wie die innere Logik der künstlerischen Fantasie. Während die klassizistischen Konzeptionen der Kunst die Imagination durch die Vernunft dirigieren und zügeln lassen, wollen romantische Kunsttheorien gerade deren Recht verteidigen. Historisch geschah dies zunächst durch die Akzentuierung des Wunderbaren (Bodmer und Breitinger) und den Hinweis auf die mythischen Energien in der Kunst (Vico). Aber erst in der Romantik fand die Feier der künstlerischen Fantasie ihren Höhepunkt. Fichtes Idealismus gründete in der Konzeption der »produktiven Einbildungskraft«. Für Schelling ist die Kunst die Vollendung der Philosophie: Sie ist Organon und Dokument der Philosophie. Friedrich Schlegel forderte eine transzendentale Poesie. Doch die romantische Philosophie der Kunst war mit einer schweren Hypothek belastet, der Idee des Unendlichen. Sie führte die romantische Kunstphilosophie in einen heillosen Dualismus zwischen der prosaischen, endlichen Welt des Alltags und der darüber erhabenen »eigentlichen« Welt des Schönen.

Nach allem bisher Gesagten dürfte es nicht überraschen, dass der Kantianer Cassirer den Konzeptionen einer »universalen Transzendentalpoesie« oder der Idee eines »ästhetischen Absolutismus« nicht folgen kann. Denn hier wird die eine symbolische Form zur Totalen, der Standpunkt des Relationalismus der symbolischen Formen ist verlassen. Cassirer hebt hervor, dass der Realismus gegenüber der überschwänglichen Romantik ironischerweise Recht behielt, insofern er seine Aufmerksamkeit auf die materiellen Aspekte aller Dinge und Ereignisse richtete und dadurch die Kunst zu einer wahrhaft universellen symbolischen Form machte. Denn dem Realismus zufolge kann und will sich die Kunst auf alle möglichen Gegenstände und Sujets beziehen. »So wie die Sprache alles ausdrücken kann, das Niedrigste und das Höchste, so vermag die Kunst die gesamte Sphäre menschlicher Erfahrung und menschlichen Erlebens zu erfassen und zu durchdringen.« (VM, 242 f.) In der Sicht Cassirers war die romantische Metaphysik der Kunst nicht imstande, die Verankerung des ästhetischen Symbolismus in den Formen der menschlichen Sinnlichkeit und des alltäglichen Lebens plausibel zu machen und zu erklären.

Strikt psychologische Kunsttheorien bedeuteten daher gegenüber den metaphysischen Ansätzen in gewisser Hinsicht einen theoretischen und methodischen Fortschritt der Reflexion. Denn sie beschränkten sich auf die Frage nach der Besonderheit der ästhetischen Erfahrung. Zu welcher Klasse von Erfahrungen gehören die ästhetischen? Was sind ihre Merkmale und ihre psychischen Ingredienzien? Eine alte Antwort lautet: Ästhetische Erfahrungen bereiten Vergnügen, sie werden mit sinnlicher Lust vollzogen. Derart landet man bei einem ästhetischen Hedonismus, wie er in der ersten Hälfte des 20. Jahrhunderts von George Santayana vertreten wurde. Ihm zufolge antwortet die Wissenschaft auf die Forderungen nach Information und Wahrheit, die Kunst dagegen stillt das Bedürfnis der Menschen nach Unterhaltung (entertainment). Cassirer nimmt dem ästhetischen Hedonismus seinen Stachel, wenn er erklärt, dass das Vergnügen der Kunst ein Vergnügen an den Formen ist. Künstlerische Werke sind »vergegenständlichte Lust«, d.h. in Form umgesetzt. Die künstlerische Produktion ist konstruktiv, sofern sie zu Formen führt, die eine dynamische Bewegung im Bewusstsein der Betrachter in Gang setzen.

Der Regelpoetik des Klassizismus wollte die Romantik entfliehen, indem sie auf die »schöne Verwirrung der Phantasie«, auf das »ursprüngliche Chaos der menschlichen Natur« (VM, 247) setzte, wie etwa Friedrich Schlegel. Ihm folgten Bergson, der die »ästhetische Intuition« als Vereinigung von Anschauung und Vernunft deutete und sie als eine Art sublimierte Hypnose klassifizierte, sowie Nietzsche, der – gegen Winckelmanns Ideal der

»edlen Einfalt und stillen Größe« – die griechische Tragödie als dionysischen Rausch feierte. Cassirer wendet gegen beide Theorien ein, dass sie das aktive Moment des ästhetischen Erlebnisses der Kunst übersehen. Die Kunst ist eher ein Kräftespiel von Rationalität und Intuition, das bei der Betrachtung eine gesteigerte Aktivität voraussetzt. Mit anderen Worten: Beide Theorien verkennen das Moment der Form, sowohl bei der Produktion als auch bei der Rezeption von Kunst.

Dieses aktive Moment wird in den Spieltheorien der Kunst keineswegs unterschätzt, sondern gerade in den Mittelpunkt gestellt. Spielen ist eine aktive Betätigung, die nicht auf das empirisch Gegebene beschränkt ist. Außerdem ist das Spiel ein universelles Phänomen des menschlichen Lebens. Es hat für Kinder oft eine propädeutische Funktion. Aber die Kinder spielen mit Dingen, die Künstler mit Formen. Zwar kommen dem Spiel stets Eigenschaften wie große Vielseitigkeit und Beweglichkeit zu, es basiert auf vielfältigen Vertauschungen und Verwandlungen. Ihm fehlt indessen das Wahrheitsmoment der Kunst.

Auf Friedrich Schiller kann sich nach Cassirer die Spieltheorie der Kunst jedoch nicht berufen, denn als Anhänger und Bewunderer Rousseaus idealisierte Schiller das Spiel der Kinder. Für Schiller war das Spiel der Kunst der höchste Ausdruck menschlicher Freiheit. Seine Spieltheorie ist also keine naturalistische. Sie will vielmehr das »liberale« Moment in der künstlerischen Aktivität unterstreichen und akzentuieren. Sie führt zur »lebendigen Form«, die als Kraftfeld intellektueller Tätigkeiten zu gelten hat.

Die Wissenschaft zielt auf eine Ordnung der Gedanken, die Ethik auf eine Ordnung der menschlichen Handlungen. Die Kunst dagegen gibt uns eine »Ordnung in der Auffassung der sichtbaren, greifbaren und hörbaren Erscheinungen« (VM, 257). Sie entdeckt die Formen der alltäglichen Welt, die sonst unbemerkt bleiben. Kunst ist keine Verdoppelung der schon bestehenden Wirklichkeit. Dies wäre ein allzu zweifelhafter Wert. »Nur indem wir die Kunst als eine besondere Ausrichtung [orientation] unseres Denkens, unserer Phantasie und unserer Gefühle begreifen, erfassen wir ihre wirkliche Bedeutung und ihre eigentliche Funktion.« (VM, 259)

Für Cassirer besteht die Funktion der Kunst im kulturellen Haushalt der Menschen darin, im Medium der sinnlichen Erfahrung die Formen der Wirklichkeit zu enthüllen: »Das ›rerum videre formas‹ ist keine geringere und eine notwendige Aufgabe wie das ›rerum cognoscere causas‹.« (VM, 260) Im alltäglichen Leben sind wir an den kausalen und finalen Verknüpfungen der Dinge und der Ereignisse interessiert, um effektiv handeln zu können. So verlieren wir den Blick für die unmittelbare Erscheinung der Phänomene. Uns diesen Blick zu schärfen, jenseits von theoretischem oder praktischem Nutzen, ist die Aufgabe der Kunst. Ihr Instrument ist die Formenwelt der erscheinenden Dinge. Es kennzeichnet den Menschen, dass er nicht auf eine einzige Perspektive des Sinnes bei der wahrnehmenden Erfahrung von Welt festgelegt ist. Vielmehr stehen ihm mehrere zur Auswahl, denn es gibt verschiedene symbolische Formkreise. Cassirers Kulturphilosophie ist eine Philosophie im Plural.

8. Von der Kulturanthropologie zur Sozialphilosophie

Die Kulturanthropologie war nicht das letzte Wort Ernst Cassirers. Am Ende seines Lebens sah der vom Holocaust bedrohte Cassirer sich veranlasst, eine weitere Transformation seiner Philosophie zu vollziehen. Er vollzog die Wende zur Sozialphilosophie. Diese Wende war zwar zweifellos auch lebensgeschichtlich motiviert. Es wäre jedoch verfehlt, sie nur aus diesem Zusammenhang heraus zu verstehen. Vielmehr geht es um eine Theorie des Faschismus, die universelle Erklärungsansprüche stellt. Wie seine Kollegen Helmuth Plessner (*Die verspätete Nation*, 1935), Max Horkheimer und Theodor W. Adorno (*Dialektik der Aufklärung*, 1944), Ernst Bloch (*Erbschaft dieser Zeit*, 1935), Georg Lukács (*Die Zerstörung der Vernunft*, 1954), Hannah Arendt und Günther Anders verfolgte auch Cassirer, bei allen Unterschieden in der Intention und hinsichtlich des theoretischen Profils, in *The Myth of the State* (1946) das Ziel einer Deutung des europäischen Faschismus.

Cassirer arbeitet mit zwei theoretischen Perspektiven. Die eine kann man als das Projekt einer Sozialpathologie der symbolischen Ideation bezeichnen. Schon in seiner *Philosophie der symbolischen Formen* findet man eine Auseinandersetzung mit der Pathologie der Zeichen. Gestützt auf das Zeugnis der Psychopathologie und deren Deutung von Phänomenen wie Apraxie, Agnosie und Aphasie gelangte Cassirer bereits 1929 zu seiner Interpretation von individueller Zeichenpathologie. (Vgl. PSF III,

238-325) Beschädigungen des Vermögens zur symbolischen Ideation führen zu Beeinträchtigungen des Handelns. In diesem Fall liegen individuelle Symbolpathologien vor. Patienten, die unter Aphasie, Apraxie oder Agnosie leiden, verlieren die Fähigkeit, auf konkrete Lebenssituationen flexibel zu reagieren. Das Handeln ist mehr oder weniger blockiert, weil den Menschen in gegebenen Situationen nur eine begrenzte Anzahl von Perspektiven des Sinnes zur Verfügung steht.

The Myth of the State verlängert die Problematik der Symbolpathologie gewissermaßen auf die soziale Ebene. Bei tief greifenden sozialen Krisen sind die Menschen außerstande, diese flexibel und umsichtig zu verarbeiten. Die Fähigkeit zur symbolischen Interpretation verarmt, mythische Energien schieben sich in den Vordergrund und verdrängen andere Formen und Möglichkeiten der Interpretation. Die Symbolik als ein Instrument zur »progressive self-liberation« (EM, 228) der Menschen misslingt. Der Mythos, dessen Energien unter günstigeren Zeitumständen durch die Religion einerseits und durch die Kunst andererseits gebunden und kanalisiert sind, gewinnt die Chance zur unmittelbaren Wirksamkeit. (Vgl. MS, 364)

Auf dieses Faktum bezieht sich die zweite theoretische Perspektive. Sie kreist um die Frage nach der modernen Technik. Obwohl das Mythische den ständigen Untergrund der menschlichen Erfahrung bildet, müssen doch zumindest zwei äußere Rahmenbedingungen erfüllt sein, damit der Mythos zur direkten Wirkung kommen kann. Einerseits muss es sich um Gesellschaften handeln, deren Lebenswelten durch die Technik dominiert sind. Die Technik als eine symbolische Form (vgl. STS, 39-91) hat in der Sicht Cassirers nicht nur die Tendenz, sich als eigenständige und autonome Form zu etablieren. Sie verdrängt z.B. das Handwerk, das noch auf einer Solidargemeinschaft der Arbeitenden beruhte. Der Technik der Moderne liegt darüber hinaus die Tendenz zugrunde, den Modus der menschlichen Erfahrung insgesamt zu überformen. Dadurch wird der Raum entqualifiziert, weil er stets und überall verfügbar ist. Die Zeit büßt ihre Dreidimensionalität ein. Sie schrumpft zu punktuellen Augenblicken zusammen, zu Momenten, die beliebig miteinander verknüpft werden können. Das durch die Technik präformierte Universum lockert die Bindung der menschlichen Existenz an die äußere Natur. Das Gesetz der »Emanzipation von der organischen Schranke« (Marx) entfaltet seine volle Wirksamkeit. (Vgl. STS, 73, 76) Andererseits aber sind die politischen Mythen der Moderne, gerade die Mythen des 20. Jahrhunderts, technisch fabrizierte und verbreitete Mythen. Sie sind nicht das »wilde« Resultat einer freien Einbildungskraft, sondern sie werden strategisch ersonnen und massenwirksam eingesetzt, um ein sozial verunsichertes Kollektiv affektiv zu binden und zusammenzuschweißen.

Wie konnte es zu einem Totalitarismus vom Ausmaß des Faschismus überhaupt kommen? Zunächst unternimmt Cassirer den Versuch, eine Definition des Mythos zu geben. Im Wesentlichen resümiert er seine früheren Überlegungen zum Mythos. Kognitive Strukturen, etwa Polysynthesen, Sympathieformen (vgl. MS, 54) und Metamorphosen, kennzeichnen die mythische Welterfahrung, die affektiv gesteuert ist. Mythen sind kosmisch dimensioniert: Sie geben Rechenschaft vom Ursprung allen Seins. Der Urgegensatz von Heiligem und Profanem durchzieht nahezu alle Mythen. Aber die Mythen sind nicht primär kognitive und spekulative Deutungen der Welt, sie wurzeln vielmehr in praktischen Lebensformen. Mythen werden nur dann verständlich, wenn man sie als Faktoren innerhalb rituell vollzogener Handlungen begreift: »Mythos ist das *epische* Element im primitiven religiösen Leben; Ritus ist das *dramatische* Element. Wir müssen mit dem Studium des letzteren beginnen, um das erstere zu verstehen.« (MS, 41)

Cassirer macht sich eine Einsicht des Ethnologen Bronislaw Malinowski zu Eigen. Malinowski zufolge gibt es bei den »Naturvölkern« durchaus eine rationale und empirische Regelung der Pragmatik des alltäglichen Lebens. Mythen und die ihnen entsprechenden rituellen Praktiken erfüllen vor allem in Krisenzeiten, etwa in lebenszyklischen Übergangsphasen, eine wichtige Funktion. Sie erfüllen ihre regulierende Funktion gleichsam als Ultima Ratio (vgl. MS, 361-363): Mythen geben einer Gemeinschaft eine Form und gewährleisten, dass diese soziale Form auch in Zeiten der Krise nicht zerbricht. Cassirer überträgt diese Annahme der funktionalistischen Ethnologie auf komplexe moderne Gesellschaften. Bei der Bewältigung außerordentlicher Krisen, seien sie nun sozialer oder ökonomischer Natur, erfüllen die Mythen eine politische Funktion. Sie verschaffen den Menschen die Möglichkeit einer vorbehaltlosen Identifikation mit dem Kollektiv. Unter den Bedingungen der Komplexität moderner Gesellschaften werden damit aber andere Lösungsmöglichkeiten abgewehrt und tabuisiert. Dies demonstriert Cassirer an der Rückkehr der Mythen in die Politik.

Er diagnostiziert nach der Zurückdrängung des Mythos in der politischen Philosophie, eines Prozesses, der schon in der Antike einsetzte und bis zur Aufklärung währte, im 19. und 20. Jahrhundert eine Rückkehr des Mythischen im politischen Denken. Diese Remythisierung der Politik, etwa bei Romantikern wie Thomas Carlyle, bei Gobineau, aber auch bei Hegel, war die Voraussetzung dafür, dass die Menschen nach dem Ersten Weltkrieg für politische Mythen empfänglich waren. Cassirers Absicht ist es, eine analytische Beschreibung und Erklärung dieser technisch erzeugten, politischen Mythen des 20. Jahrhunderts zu geben. Im Zentrum steht dabei das nationalsozialistische Deutschland.

Die Sozialphilosophie Cassirers, so wie sie in *The Myth of the State* greifbar wird, geht also von folgender These aus: Die modernen totalitären Gesellschaften vom Typus des Faschismus sind als Überwältigungen der Menschen durch politische Mythen zu verstehen. Damit es dazu kommen kann, müssen tief greifende Krisensituationen vorliegen. Statt diese flexibel, durch ausbalancierte Interpretationen zu verarbeiten, sind die Fähigkeiten der Menschen zu symbolischen Ideationen paralysiert, weil die Mächte des Mythos unmittelbar wirksam werden. Die Bestandteile dieses Schemas sollen im Folgenden erörtert werden.

Betrachten wir zunächst Cassirers Rekonstruktion der Geschichte der politischen Philosophie der westlichen Welt.[31] Der weitaus größte Teil des Buchs *The Myth of the State* rekonstruiert eine Geschichte der wechselvollen Auseinandersetzung mit dem Mythos in der europäischen Philosophie- und Ideengeschichte, wobei sein Interesse den paradigmatischen Verschiebungen und Brüchen gilt. Cassirer beginnt seine Rekonstruktion mit Platon, der die erste große Differenzierung zwischen Mythos und Politik vornimmt. Platons Staatskonzeption sieht Cassirer durch drei Annahmen gekennzeichnet. Erstens wird der Staat an die Idee der Gerechtigkeit gebunden. Das staatliche Handeln kann nicht auf Macht gegründet werden. Zweitens verlangt die Idee der Gerechtigkeit einen Bruch mit dem Mythos: An die Stelle der Prägekraft naturwüchsig geltender Traditionen tritt der »Zwang« zur Rechtfertigung durch das reine Denken. Drittens lässt sich die Idee der Gerechtigkeit nur durch die Dialektik auffinden, d.h. durch die Bindung an die Idee des Guten.

Das mittelalterliche Nachdenken über den Staat fügt zwei neue Elemente hinzu. Zum einen wird das philosophische Denken dem Licht der Offenbarung, also der Autorität heiliger Texte ausgesetzt und unterworfen. Zum anderen kommt ein aus der Tradition der jüdischen Prophetie ererbtes, voluntaristisches Moment hinzu: Das Reich der Gerechtigkeit ist der jüdischen Tradition zufolge etwas erst noch geschichtlich und willentlich durch die Menschheit zu Realisierendes. Das mittelalterliche Staatsdenken aktiviert zudem die stoische Konzeption der Humanität, der zufolge alle Menschen im ethischen Sinne als gleich zu gelten haben. Nach christlicher Auffassung ist der Staat hingegen durch den Sündenfall der Menschen bedingt, weshalb kein irdischer Staat, keine »civitas terrena«, eine absolute Gerechtigkeit begründen könne. Erst durch Thomas von Aquin wird dieser vor allem durch die Autorität des Augustinus präformierte Standpunkt revidiert. Nun kann der Staat gewissermaßen diesseitig aus dem Geselligkeitstrieb der Menschen, aus dem »aspectus socialis«, abgeleitet und begründet werden. (Vgl. MS, 161)

Das genuin neuzeitliche Paradigma wird in Machiavellis Theorie der Politik greifbar. Als Theoretiker der Moderne verbindet Machiavelli mit Galilei die Absicht, alte Probleme – im Falle Galileis ist es das Problem der Bewegung – in neuer Perspektive zu beleuchten. Machiavelli bricht mit den hierarchischen Vorstellungen von der Theokratie. Die Religion fungiert lediglich als ein Mittel unter anderen zur Rechtfertigung von Macht. Obwohl Machiavelli in den *Discorsi* seine Sympathien für die Plebejer des antiken Rom nicht verhehlt und Partei für die Republik ergreift, ist seine Theorie der Politik doch rein technisch. Im *Principe* analysiert er die in der Renaissance neu entstandenen weltlichen Fürstentümer ausschließlich unter machtpolitischen Aspekten. Das Politische wird von allen sozialen Faktoren, wie dem Wirtschaftsleben oder den Rechtssystemen, isoliert. Durch diese Abstraktion des Politischen wurde Machiavelli, wenn schon nicht zu einem Vorläufer, so doch immerhin zu einem intellektuellen Inspirator der späteren totalitären Auffassung der Politik. (Vgl. MS, 185 f.) Denn die Kehrseite der Isolation des Politischen ist die Wiedereinsetzung des Glücks, der Fortuna, in seine angestammten Rechte. Die Fortuna jedoch ist eine mythische Denkfigur: Sie ist das Wechselbild zur streng deterministisch konzipierten Geschichte. Deren eherne Struktur und Logik empfiehlt Machiavelli den Machthabern zum Studium, damit sie wissen, wie sie sich an der politischen Macht, die ihnen durch Zufall zugefallen sein mag, behaupten können.

Der Scheitelpunkt in der Entwicklung der politischen Theorien ist für Cassirer mit der Epoche der Aufklärung erreicht. Mit den Erklärungen der Menschenrechte durch die Französische Revolution und mit den amerikanischen Bills of Right erhielt der moderne Rechtsstaat eine auch institutionelle Verkörperung. In ihm äußerte sich – so der Ideengeschichtler Cassirer – die Sprache des römischen Stoizismus. In den Naturrechtslehren von Grotius und Hobbes, später denjenigen von Locke und Kant, erlebte der Stoizismus eine überraschende Renaissance. Wie soll man sich diesen Tatbestand erklären? Differierte doch die Genese der stoischen Idee von Autarkie im antiken Rom in wirtschaftlicher, politischer, sozialer und kultureller Hinsicht grundsätzlich von den modernen Gesellschaften. Cassirer zufolge bot sich der Stoizismus in der Neuzeit als Theorem an, weil die dogmatische Verbindlichkeit des *einen* Glaubens durch Renaissance und Reformation erschüttert und auch die jesuitische Restauration ohne Erfolg geblieben war. Die neuzeitliche Idee der Gleichheit vor dem Gesetz sieht von allen kulturellen und sozialen Besonderheiten der Menschen ab. Wollte man diese gewissermaßen laizistisch staatlich institutionalisieren, so bot sich die stoische Idee der moralischen Autarkie eines jeden Menschen als ideelle Stütze an.

Die politischen Theorien der Aufklärer waren von einem genuin praktischen Impuls getragen. (Vgl. auch PA, 178 ff., 313 ff.) Zu den Absichten von Philosophen wie Voltaire, Condorcet, den Enzyklopädisten, den deutschen und englischen Aufklärern gehörte es nicht, neue spekulative Systeme der Philosophie zu entwerfen. Man wollte vielmehr praktisch wirken. Das, was immer schon von den Philosophen über die Würde des Menschen gedacht worden war, sollte zur Richtschnur auch des politischen Handelns werden. Die Würde des Menschen sollte nicht nur spekulativ bedacht, sondern in den institutionellen Garantien des modernen Rechtsstaates politisch-praktisch real werden, sodass jeder Einzelne sich im alltäglichen Leben auf sie berufen konnte. In diesem Sinne schrieb Thomas Jefferson am 8. Mai 1825 in einem Brief an Henry Lee über die Unabhängigkeitserklärung der Neuenglandstaaten Amerikas:

»Der Gegenstand der Unabhängigkeitserklärung war es nicht, neue Prinzipien oder neue Argumente herauszufinden, die noch niemand gedacht hatte, noch auch Dinge zu sagen, die niemals zuvor gesagt worden waren; sondern die allgemeine Auffassung über den Gegenstand in so einfachen und festen Ausdrücken vor die Menschheit hinzustellen, daß ihre Zustimmung erzwungen wurde [...]. Weder nach Originalität des Prinzips noch des Fühlens strebend, noch andererseits aus einer bestimmten und früheren Schrift kopiert, war sie als Ausdruck des amerikanischen Geistes beabsichtigt und sollte diesem Ausdruck den eigentümlichen Ton und Geist geben, den die Gelegenheit erforderte.« (MS, 233)

Auch der Aktivist der Französischen Revolution, Condorcet, feierte die amerikanische Unabhängigkeitserklärung als das praktische Ereignis, durch welches das esoterische philosophische Wissen exoterisch und öffentlich geworden sei. (Vgl. MS, 235) Kants Haltung gegenüber der Französischen Revolution zeigt die deutsche Variante: Die Philosophen dürften nicht selbst zur Revolution aufrufen, dennoch sei ihr ethischer Gehalt von Bedeutung für die übrige Menschheit. Die Revolution rufe in den Zeitgenossen eine »Teilnehmung dem Wunsche nach« hervor, »die nahe an Enthusiasmus« (MS, 233 f.) grenze.

Für den Autor des Buchs *The Myth of the State* stellt die Epoche *nach* der Aufklärung, die Romantik, gewissermaßen die Inkubationsphase für die Genese mythischer Staatsauffassungen dar. Die Romantik gewann ihr Profil durch eine Absetzbewegung von den Ideen der Aufklärung. Die Kritik der Romantik entzündete sich an dem vermeintlich unhistorischen Denken der Aufklärer. Sache der Romantiker wurde es, die Vergangenheit zu verklären, wohingegen die Aufklärer aus der Beschäftigung mit der Geschichte, wie Cassirer zu Recht unterstreicht, Motive für den sozialen und politischen Neuanfang schöpfen wollten. (Vgl. PA, 263-312) Andererseits ergab sich bei den Romantikern eine neuartige Bewertung des Mythos. Hatten die Aufklärer in ihm lediglich eine »Monstrosität« (MS, 239) gesehen, so würdigten Friedrich Schlegel und Schelling den Mythos als eine legitime Ausdrucksform des menschlichen Geistes. Nicht nur weil der Mythos der Ursprung des menschlichen Geistes sei, sondern auch weil er gegenwärtig ein legitimes Organ des menschlichen Denkens verkörpere. Vor allem in der Poesie entfalte der Mythos noch immer seine Kraft.

In der Deutung Cassirers war die Romantik weniger eine politische als eine kulturelle Bewegung. Ihr Nationalismus trug noch keine imperialistischen Züge. Von Herder inspiriert, zielte der romantische Nationalismus auf ein tieferes Verständnis der Individualitäten der Völker im Ensemble der Menschheit. (Vgl. MS, 242) Der Impuls zu einer kulturellen Erneuerung erklärt auch die Wiederbelebung der Religion. Die Romantiker erhofften sich eine Vereinigung der in der Neuzeit auseinander getretenen zwei Ordnungen, der universalen Kirche und des politischen Reiches. Deutschland sollte Teil des vereinigten Europa (Novalis) werden. Der Theologe Friedrich Schleiermacher forderte eine auf dem synthetisierenden Band der Liebe basierende Religion, die selbst die Häretiker und Ketzer der früheren Zeiten in sich aufnehmen sollte: Religion als Liebe für das Universum. Friedrich Schlegel erklärte die Liebe zum einigenden Band aller Poesie. Die Tatsache, dass die Romantiker der zweiten Phase oftmals bei einem unduldsamen Nationalismus landeten, erklärt sich aus ihrem naiven Begriff der Politik. Man denke etwa an die Idee einer Ästhetisierung der Politik bei Novalis. Vor allem den Realitäten der napoleonischen Kriege war diese Konzeption des Politischen nicht gewachsen.

Die Wurzeln der »Mythen des 20. Jahrhunderts« liegen Cassirer zufolge nicht in den Theorien der Romantik selbst, wenn auch eine ideelle Wurzel bis zum »prussifizierten Romantizismus« eines Thomas Carlyle zurückreicht. Die Rede ist von Carlyles Inthronisation der Helden. Die Helden sind für ihn die eigentlichen Subjekte der Geschichte. In seinen berühmten Vorlesungen über *Helden, Heldenverehrung und das Heldenhafte in der Geschichte*, die Carlyle 1840 vor den Stützen der viktorianischen Gesellschaft Londons hielt, forderte er eine neue Form der historischen Hierarchie, die »Heroarchie« (MS, 250). Seine Konstruktion der Geschichte gründete Carlyle einerseits auf eine verkürzte Rezeption Goethes. Dessen citoyenhafte Betonung, dass der Mensch seine Kräfte nur in der Praxis erproben und erweitern könne, münzte Carlyle in eine Diskreditierung aller spekulativen Weltbetrachtung um. Unbesehene Pflichterfüllung wurde zum obersten Gebot seiner Ethik. Den populären Schriften Fichtes – *Das Wesen des Gelehrten, Die Bestimmung des Menschen* und *Die Grundzüge des gegenwärtigen Zeitalters* – sowie dessen späten Arbeiten entnahm Carlyle weitere Motive für seine These von der geschichtsbildenden Macht der Helden. Zu diesen zählen nicht nur Politiker, sondern auch Propheten und Religionsstifter. Obwohl Carlyle selbst von allen Helden »Aufrichtigkeit« und »Einsicht« verlangte (vgl. MS, 281 ff.) und seine »Heroarchie« noch nicht mit dem Blendwerk imperialistischer Strategien umgab, konnte sich die spätere faschistische Idolatrie des Führers auf ihn berufen. (Vgl. MS, 289, 247)

Ein weiterer Meilenstein auf dem Weg zum Mythos des 20. Jahrhunderts war Cassirer zufolge die Rassentheorie des Grafen Gobineau. Wurden doch Gobineaus *Essais sur l'inégalité des races* (1853-55) über Wagners Schwiegersohn Houston Stewart Chamberlain einerseits und die Sozialdarwinisten Gumplowicz, Ratzenhofer und Woltmann andererseits unmittelbar wirksam für die nationalsozialistische Ideologie.[32] In der philosophischen Betrachtung der Geschichte, so Gobineau, sei bisher deren entscheidende Triebkraft, die Rasse, verkannt und übersehen worden. Unter den verschiedenen Rassen verfüge nur die arische über das Vermögen, Kultur zu schaffen. Die chinesische Kultur, die nach Gobineaus Prämisse nicht das Produkt des chinesischen Volkes sein kann, ist daher durch fremde Stämme, die Kschattryas, importiert worden. Die Indianer des amerikanischen Kontinents seien, da sie rassisch ein Amalgam aus Schwarzen und Gelben verkörperten, ebenfalls nicht kulturschöpferisch. Alle Kultur des amerikanischen Kontinents verdanke sich allein und ausschließlich dem weißen Mann. Um sein Phantasma überhaupt durchhalten zu können, muss Gobineau das kulturschöpferische Potenzial der Religionen leugnen. Daher hat für Gobineau das Christentum die von ihm missionierten Völker kulturell immer so belassen, wie sie schon waren. Die Religionen sind kulturell neutral. Auf diesem Wege meinte der gläubige Katholik Gobineau seine persönliche Wertschätzung des Christentums mit seiner Lehre von der Hegemonie der arischen Rasse in Einklang bringen zu können.

Die polemischen Energien Gobineaus galten den Ideen der Aufklärung, namentlich dem Ideal der ethischen Gleichheit aller Menschen. Buddhas Evangelium der Armen, ausgesprochen von einem Abkömmling der herrschenden Kaste, titulierte der Comte de Gobineau als »Hochverrat«. (Vgl. MS, 308) Die germanische Mythologie, die das Paradies allein den Helden, den Soldaten und den Vornehmen öffne, galt ihm als unerschütterliches Fundament. Die Tugend ist, so verkündete Gobineau, genealogisch im Sein der Menschen verankert. Sie könne darum nicht erworben werden: »Man ist nicht gut, weil man gut gehandelt hat, sondern man handelt gut, wenn man gut ist, das heißt wohlgeboren ist.« (MS, 309)

Pikanterweise hält der selbst künstlerisch ambitionierte Gobineau die Kunst nicht für ein Potenzial, das die menschliche Kultur befördert. Als Produkt der wilden Einbildungskraft sei die Kunst, ganz im Gegenteil, ein Erbteil der verachteten schwarzen Rasse. Die Arier müssten vor der Kunst auf der Hut sein. (Vgl. MS, 313 ff.) Auch andere Erscheinungen des politischen Lebens, die man auf den ersten Blick für arisch halten möchte, wie etwa der Patriotismus, sind Gobineau zufolge in Wahrheit verachtenswert. Zwar gehe der Patriotismus auf die Griechen und die Römer zurück. Er sei jedoch abzulehnen, weil er eine Hervorbringung der Semiten war, »eine kanaanäische Monstrosität« (MS, 312), wie Gobineau sich ausdrückte.

Gobineaus Theorie der Rassen mündet in einen tiefen Pessimismus. Ihr Autor kann vor dem Umstand, dass sich die leibhaftigen Menschen nicht an die von der Theorie gezogenen rassischen Schranken halten, nicht die Augen verschließen. Statt auf die Reinhaltung zu achten, frönen die Menschen vielmehr einer Vermischung aller Rassen. Da sich aber auf diesem Wege das an sich »Vornehme« mit dem »Unterwürfigen« paart, ist für Gobineau der Niedergang der menschlichen Zivilisation unausweichlich. (Vgl. MS, 320 f.)

Die politische Philosophie Hegels, auf die sich im 20. Jahrhundert die einander bekämpfenden politischen Parteien der Liberalen, der Faschisten und der Bolschewisten beriefen, deutet Cassirer im Lichte einer postaufklärerischen Theodizee. Die Religion und die Geschichte waren miteinander zu versöhnen. Für die Aufklärer ging es um die Versöhnung von Religion und Natur. Während die kritischen idealistischen Systeme vor Hegel eine prinzipielle Differenz von sinnlicher und geistiger Welt behauptet hatten, wollte Hegel diese Differenz gerade versöhnend aufheben. Dazu war eine erweiterte Konzeption der Vernunft vonnöten. Hegel unterstellt die Vernünftigkeit des Wirklichen, weil die Vernunft im sittlichen Leben der Menschen immer schon präsent ist. Die Sittlichkeit, obgleich sie die Substanz der Geschichte ist, wird dennoch von der Zeit affiziert. Aber alles Sittliche ist letztlich religiös grundiert und fundiert. Das Faktum der Offenbarung soll durch die Philosophie denkend eingeholt werden.

Cassirer deutet Hegels Theorie des Staates auf der Folie dieses Programms einer Theodizee. Der Staat eröffnet die Geschichte der Völker. Erst vermöge der Vereinigung in einem Staat gewinnt ein Volk für Hegel seine geschichtliche Existenz. Der Staat wird zur Inkarnation des Weltgeistes. Aufgrund der Theodizeekonzeption entfallen alle Differenzen, welche die Kritik von konkreten Staaten ermöglichen könnten. Hegel streicht die aus dem frühen Christentum überlieferte Differenz von »civitas terrena« und »civitas divina«. Im Staat offenbart sich vielmehr der »Gang Gottes in der Welt« (MS, 345).

Obwohl Hegel den »Volksgeist« als den Motor der Geschichte annimmt – ein romantisches, letztlich auf Herder zurückzudatierendes Motiv –, weicht er doch von der Romantik ab. Der Staat soll eine organische Einheit bilden, er darf kein bloßer »Vernunft- und Verstandesstaat« sein. Andererseits muss sich am einzelnen Staat die »Arbeit des Negativen« darstellen. Im Zuge dieser Erwägung verteidigt Hegel den Krieg als ein notwendiges Mittel der Politik. Kants Idee des ewigen Friedens ist nur eine leere Hoffnung, da der Staat auf dem Prinzip der Macht basiert. Dieser Gedanke verbindet Hegel mit der faschistischen Ideologie. (Vgl. MS, 347) Auch die Heldenverehrung im Sinne Carlyles kehrt bei Hegel wieder. Die welthistorischen Individuen, in denen der Weltgeist sich offenbart, stehen jenseits von gut und böse.

Cassirers Deutung von Hegels politischer Philosophie läuft darauf hinaus, in Hegel einen Wegbereiter der totalitären Staatskonzeption zu sehen. Hegels Philosophie greift, so Cassirer, zwar Elemente der Aufklärung auf – die Geschichte wird als »Fortschritt im Bewusstsein der Freiheit« gedeutet –, aber er kehrt deren Sinn um. Hegel will die Realität der Ideen in der Wirklichkeit erweisen. Die Französische Revolution wird daher insofern gewürdigt, als mit ihr die Philosophie praktisch wirksam wurde. Doch Hegel verfügt über keine begrifflichen Mittel für die normative Analyse der herrschenden politischen Mächte. Recht und Moral fallen als Instanzen der Kritik aus. Die Geschichte ist das Tribunal, vor dem die Volksgeister ihre Kämpfe gegeneinander austragen. Die Sieger sind eo ipso die Träger der Vernunft. Hegel konnte auf diese Weise letztlich von Imperialismus und Faschismus als Vordenker vereinnahmt werden. (Vgl. MS, 356)

Lediglich zwei Argumentationen Hegels ziehen dem verselbstständigten staatlichen Handeln Grenzen. Die Sphären des absoluten Geistes – Religion, Kunst und Philosophie – tragen ihren Zweck in sich selbst. Der Staat muss sie voraussetzen, weil er sie nicht erzeugen kann. Er vermag lediglich politische Rahmenbedingungen für ihr Gedeihen zu setzen. (Vgl. MS, 357 f.) Andererseits impliziert die Konzeption des Geistes eine Kritik an der Absicht totalitärer Gleichschaltung. Denn Differenzierung ist das interne Entwicklungsprinzip des Geistes, und diese Struktur darf ein Staat nie auflösen wollen. (Vgl. MS, 359)

Soweit Cassirers Abriss der Geschichte des politischen Denkens unter dem Aspekt des Mythos, der die Genese der politischen Mythen des 20. Jahrhunderts zeigt: Die politische Philosophie des 19. Jahrhunderts hatte das Mythische als eine Qualität der Politik wieder salonfähig gemacht. Es müssen jedoch gesellschaftliche Rahmenbedingungen hinzukommen, die das Wirksamwerden der mythischen Mächte erst ermöglichen. Zu diesen gehören die Dominanz der Technik sowie tief gehende ökonomische, soziale und politische Krisensituationen, wie sie in der Weimarer Republik durch den Sturz der Monarchie und die Weltwirtschaftskrise gegeben waren.

Die synthetisch erzeugten, modernen politischen Mythen hat Cassirer unter vier Gesichtspunkten charakterisiert. (Vgl. MS, 368-385) Erstens: Die Sprache als eine symbolische Form vereint in sich zwei wichtige Funktionen. Sie erlaubt einerseits die deskriptive Darstellung von Sachverhalten. Andererseits ist die Sprache stets auch ein Mittel des emotionalen und affektiven Ausdrucks. Die modernen politischen Mythen beuten einseitig die emotive Funktion der Sprache aus. Sie reden die Sprache der Affekte und manipulieren diese, indem sie die Möglichkeit zur rationalen Analyse, die der Sprache an sich eignet, blockieren und schwächen.

Zweitens: Mythen sind nicht allein Deutungen der Welt, Erzählungen vom Ursprung und vom Drama der Welt. Vielmehr fungieren Mythen stets innerhalb von rituellen Handlungsabläufen. Die Ritualisierung des Alltagslebens war daher ein hervorstechendes Kennzeichen Nazi-Deutschlands. Von den Regeln des Grüßens bis zu der Unzahl von Eiden, von den kollektiven Massenaufzügen bis zur Ritualisierung der lebenszyklischen Einschnittssituationen, stets und überall wurden rituelle Formen sozialpsychologisch genutzt. Die Ritualisierung des Lebens durch die modernen politischen Mythen hat den Sinn, ein Kollektiv, sei es die Nation, sei es ein Reich, sei es ein ethnisch definiertes Volk, affektiv zu binden und gefühlsmäßig zusammenzuschweißen. Nicht die emotionale Stärkung der einzelnen Individuen ist das Ziel, sondern ihre fraglose Existenz als Teil des Kollektivs. Die modernen politischen Mythen erzeugen affektiv besetzte Gefühlsgemeinschaften und nicht durch die Vernunft bestimmte, moralische Willensgemeinschaften.

Drittens: Die Wirksamkeit der politischen Mythen der Moderne beruht auf der Setzung eines obersten Wertes, was zweifellos ein Echo der mythischen Entgegensetzung von Heiligem und Profanem ist. Dieser oberste Wert kann eine Rasse, eine Nation oder ein ethnisch definiertes Volk sein. Auf jeden Fall muss es sich um einen Wert handeln, der nicht durch rationale diskursive Argumentation erwiesen werden kann. Es muss ein Wert der Gemeinschaft sein, dessen Infragestellung von ambivalenten Gefühlen begleitet wird. Denn: Das Sollen ergibt sich aus dem Sein. Logisch als »petitio principii«, als analytisches Urteil oder Kategorienfehler durchschaubar, erfüllt der oberste Wert dennoch seinen Zweck als affektive Affirmation einer Gemeinschaft.

Viertens: Die politischen Mythen der Moderne unterstellen eine fatalistische Auffassung der Geschichte. Geschichte und Zeit werden als schicksalhafte Verkettung ausgegeben. So werden Prophezeiungen, aber auch die Legitimation von übermenschlichen Führergestalten möglich. In dieser Hinsicht sind Oswald Spenglers Buch *Der Untergang des Abendlandes* sowie Martin Heideggers Konzeption der »Geworfenheit« des Menschen intellektuelle Wegbereiter der politischen Mythen des 20. Jahrhunderts gewesen. Beide haben der Idee von der Geschichte als einer schicksalhaften Verkettung von Ereignissen vorgearbeitet.

Cassirers Philosophie endet – das ist das Fazit von *The Myth of the State* – nicht im Pessimismus. Die Bedingung der Möglichkeit zur Wirksamkeit von politischen Mythen gründet nämlich in zwei Umständen, die keineswegs zwangsläufig sind. Einerseits müssen Blockaden in der Fähigkeit zur symbolischen Ideation bei den Menschen auftreten, die den Prozess der symbolischen Deutungen stillstellen oder erlöschen lassen. Das flexible Funktionieren der kulturellen Aktivitäten der Menschen, d.h. das freie Aneignen der Traditionen und ihre Fortbildung, verhindert, dass solche Blockaden epidemischen Ausmaßes eintreten. Diese Blockaden können aber auch, wie die totalitären Gesellschaften des 20. Jahrhunderts belegen, technisch induziert sein. Dann verlängern sich die Mythen gewissermaßen in die psychischen Bewusstseinsstrukturen der Individuen hinein und verrichten dort ihr destruktives Werk.

Andererseits aber ist das Verhältnis der symbolischen Formen untereinander nicht prinzipiell zu regeln und festzulegen. Die Autonomie ist das Telos jeder einzelnen symbolischen Form. Ihr dynamisches Zusammenspiel konstituiert erst die soziale und kulturelle Wirklichkeit der Menschen. Hier lauert beständig die Gefahr einer kurzschlüssigen Fusion der symbolischen Formen. Die technisch erzeugten Mythen des 20. Jahrhunderts beruhen in Wahrheit auf der Verschmelzung von mythischen Energien, von technischem Geschick und politischer Macht. Nur wenn sich eine Form absolut setzt oder mit anderen fusioniert und damit die Dynamik des Wechselspiels der Formen unterbricht und stillstellt, kommt es zu Katastrophen vom Ausmaß der totalitären Gesellschaften des 20. Jahrhunderts. Die Möglichkeit dazu ist im Zusammenspiel der symbolischen Formen strukturell angelegt, weil die Formen stets in einem prekären und labilen Verhältnis zueinander stehen.

Die systematische Absicht der Transformation der Kulturanthropologie zur Sozialphilosophie, wie sie in *The Myth of the State* fassbar wird, ist also die Reflexion über die Gefährdungen menschlicher Kultur. Es genügt nicht, gewissermaßen das »normale« Funktionieren der Kultur zu beschreiben und zu analysieren. Vielmehr geben gerade auch ihr Scheitern und ihr Zusammenbruch Aufschluss über ihr zerbrechliches Gleichgewicht. Mit

The Myth of the State ist der Kulturphilosoph Ernst Cassirer nicht nur zum Diagnostiker, sondern auch zum Theoretiker der Krisen der Kultur geworden. Anders als Georg Simmel oder Philosophen wie Heidegger war Cassirer allerdings nicht der Meinung, dass die moderne Kultur selbst schon Ausdruck einer Krise des Menschen ist.

9. Die Physiognomie der Kulturphilosophie Ernst Cassirers

Nach der Darstellung einiger Aspekte der Philosophie Cassirers soll in diesem Kapitel versucht werden, mit einigen Strichen die Physiognomie der Kulturphilosophie Ernst Cassirers zu zeichnen, so wie diese sich mir erschließt. Methodisch mag man mein Vorhaben eine freie Variation auf das Verfahren der Dekonstruktion nennen.

Es ist zweifellos zutreffend, in Cassirer einen der ersten Philosophen des 20. Jahrhunderts zu sehen, der das Material der Ethnologie und der posthumboldtschen Linguistik für die Philosophie fruchtbar zu machen versuchte. Sowohl bei der Konstruktion der symbolischen Form des Mythos und der Sprache als auch bei seiner Analyse der Technik schöpft Cassirer, nicht zuletzt auch inspiriert durch die Mitarbeit an der »Bibliothek Warburg«, die in den Zwanzigerjahren (bis 1933) ihren Sitz in Hamburg hatte, aus einem reichen ethnologischen und linguistischen Material. Durch Rückgriff auf dieses Material kommt er zu der These, dass der Mythos die Basis der menschlichen Kultur sei. Bei Aby Warburg, dem Begründer der Bibliothek, lassen sich wenigstens drei Motive aufspüren, die Cassirer mit dem Warburg-Kreis verbanden. Erstens war es das Interesse an der Überlieferung der Antike mit ihrem untergründigen Heidentum. Zweitens erkannte sich Cassirer in Aby Warburgs Idee von Kultur als kollektivem Gedächtnis wieder. Drittens war Warburg selbst an einer Parallele interessiert, die auch Cassirer ansprach, nämlich die

Parallele zwischen den mythischen Energien der »Naturvölker« und dem subkutan Heidnischen, das noch in der europäischen Renaissance aufbrach.[33]

Auffallend ist jedoch, dass Cassirer immer ein »Philosoph der europäischen Moderne« (Schwemmer) geblieben ist. Während etwa Claude Lévi-Strauss und andere philosophisch ambitionierte Ethnologen, z.B. Hans-Peter Duerr, die Beschäftigung mit fremden Kulturen in eine Relativierung oder gar eine Kritik des europäischen Rationalismus ausmünden lassen, hält Cassirer an diesem gerade fest, selbst wo er ihn mit neuen Facetten und Nuancen anreichert und ihn immanent modifiziert. Der Blick von außen auf die europäische Kultur – im Sinne Foucaults – ist nicht Cassirers Sache, obwohl seine Lehre von der relationalen Struktur der Logik dazu auch hätte motivieren können.

Claude Lévi-Strauss und andere Ethnologen haben den Mythos von der Erzählung, von der Sprache her gedeutet. Für Cassirer dagegen muss, wie wir sahen, der Mythos als eine auf dem Gefühl basierende erste Deutung der Welt und der Stellung des Menschen im Drama des Seins verstanden werden. Auch folgt Cassirer nicht der konzeptionellen Möglichkeit, die Theorie der Kultur von einer Anthropologie der Triebe her aufzubauen. Eine solche durch Freud inspirierte Perspektive hat Herbert Marcuse 1955 in *Eros and Civilization* ausgearbeitet. Marcuse zufolge kann die Kultur von ruinösen Regressionen frei werden, wenn den Menschen eine Organisation des gesellschaftlichen Lebens glückt, in welcher der Eros die Macht des Thanatos bindet und überwältigt. Obwohl Cassirer, vor allem in *The Myth of the State*, durchaus ein Stück weit in eine vergleichbare Richtung dachte, indem er die Gefahr kultureller Regressionen auf der Höhe der Moderne sah, endete er doch wieder bei dem rationalistischen Versuch, die Mythen in der Politik durch eine erneuerte Idolenlehre im Geiste Francis Bacons zu bändigen. (Vgl. MS, 385)

Die *Dialektik der Aufklärung* von Max Horkheimer und Theodor W. Adorno aus dem Jahre 1947 kommt in vielen Punkten zu einer Sicht, die der Cassirers verblüffend ähnelt. Das Buch handelt vom Drama der westlichen Kultur angesichts ihres immanenten Telos, die Menschen von den mythischen Mächten zu emanzipieren. Das Projekt der europäischen Aufklärung missglückt jedoch, indem es den Faschismus hervorbringt. Mit diesem kommt es zu einem Rückfall in die Mythologie. Horkheimer und Adorno zufolge sind vor allem die Religion und die Kunst Formen und Instanzen, die sich dem verhängnisvollen Sog zur Entleerung der Aufklärung und zur erneuten Inthronisation der mythischen Mächte entgegenstemmen. Horkheimer und Adorno nehmen freilich für sich eine Kritik der wissenschaftlich-instrumentellen Rationalität in Anspruch, der Cassirer nie gefolgt wäre. Auch in diesem Fall bleiben Differenzen im Prinzipiellen, obwohl Horkheimers und Adornos Lehre vom »technologischen Schleier« der cassirerschen Sicht von der Ambivalenz der modernen Technik zwischen »Schicksalsgemeinschaft« und »Willensgemeinschaft« denkbar nahe kommt.

Um die Philosophie Cassirers noch von einem anderen Blickwinkel aus zu beleuchten: Die Phänomenologie Maurice Merleau-Pontys stellt den Leib zentral. In allen Äußerungen der menschlichen Kultur spürt Merleau-Ponty die leiblichen Grundierungen auf. Seine Kritik gilt dem leibvergessenen Intellektualismus der westlichen Philosophie, ihr geht es um die faktische Funktion und die faktische Organisation der Kultur. Auch Cassirer sieht in der Leib-Seele-Polarität im Menschen den Ursprung aller weiteren symbolischen Ideationen. Doch wiederum findet man bei Cassirer neben einer phänomenologischen Facette bei der Deskription der menschlichen Erfahrung zugleich eine rationalistische, die letztlich auf Leibniz zurückzudatieren ist. So bricht, mit Merleau-Pontys Augen gesehen, der Tribut, den Cassirer dem Rationalismus zollt, der konsequenten Ausgestaltung einer Philosophie des Leibes wiederum die Spitze.

Das Studium der Philosophie Cassirers kann – das wollten diese wenigen Beispiele belegen –, wenn man es von anderen, verwandten Kontexten aus betreibt, eine hohe Schule des Differenzdenkens werden. Um gewissermaßen an das Magma einer Philosophie zu gelangen, muss man sie nämlich als ein Bündel differenzierter Möglichkeiten betrachten. Eine kontextuelle Betrachtung legt diese Differenzen frei.

Gibt es aber, so ist abschließend noch zu fragen, keine genuinen Fortsetzungen der Philosophie Cassirers in der zeitgenössischen Philosophie? Durch welche Motive ragt diese in die Gegenwart herein? Wenigstens auf zwei philosophische Entwürfe möchte ich en passant verweisen.

Die amerikanische Philosophin Susanne K. Langer (1895-1985) hat versucht, die Symbolproblematik als das vermittelnde Band zwischen Mythos und Kunst, Wissenschaft und Sprache festzuhalten. Sie durchdenkt diese Problematik im Lichte der zeitgenössischen Biologie neu. Namentlich in ihren auf die Kunst bezogenen Überlegungen ließ sich Langer vom Begriff der artistischen »Idee« respektive der artistischen Konzeption leiten, wodurch ihr eine der modernen Kunstproduktion adäquatere Theorie glückte. Artistische Konzeptionen regeln den Prozess der künstlerischen Tätigkeit und erfüllen die Funktion, den Sinn von Kunstwerken immanent zu rekonstruieren. Obwohl Cassirer nirgends ausdrücklich etwas über Kunstkonzeptionen geschrieben hat, ließe sich doch seine Parteinahme für explizite, d.h. reflexiv gefasste Autorenschaft bei Goethe mit Langers konzeptionellem Denken in Kontakt bringen.

Für Nelson Goodman (1906-1998), der freilich Cassirers Reflexionen über den Mythos wenig abgewinnen konnte, besteht die Aufgabe der Philosophie darin, Kunst, Wissenschaft und Sprache als je spezifische Weisen der Welterzeugung (ways of worldmaking) zu interpretieren. Goodmans Theorie der Künste, etwa in *The Languages of Art* (1968), operiert mit einem Symbolbegriff, der den Erfordernissen der analytischen Klärung dieses Vexierbegriffs Rechnung trägt. Für die Analyse der zeitgenössischen Kunst schlägt Goodman den Begriff der Exemplifikation vor. Durch ihn können wir begreifen, dass und wie ein Kunstwerk eine symbolische Struktur verkörpert und zugleich in eben dem Maße auf sie verweist. Kunstwerke wollen nur aus sich selbst heraus verstanden werden, sie verweisen nicht »abbildlich« auf eine andere außerbildliche Realität. Zugleich sind die einzelnen Zeichen semantisch und syntaktisch vielsinnig und dicht, sodass eine nie zu beendende Suche nach Sinn in Gang gesetzt wird.

Während Langer den Präformierungen des Symbolischen in den Lebensprozessen des Organischen nachgeht und damit ein neues Licht auf die Grenze zwischen Mensch und Tier wirft, man denke etwa an ihr spätes Werk *Mind. An Essay on Human Feelings* (3 Bde., 1967-82), unterstreicht Goodman die welterschaffende und erschließende Funktion des symbolischen Verstehens. Durch beide Philosophien ragt das Denken von Ernst Cassirer in unsere Gegenwart unmittelbar hinein.

Wenigstens eine weitere, außerphilosophische Wirkungsspur Cassirers sei angedeutet. Ein Kollege in Hamburg, der Kunsthistoriker Erwin Panofsky, verarbeitete vielfältig Anregungen Cassirers bei der Begründung einer neuen kunsthistorischen Ikonologie. Nicht nur verfasste Panofsky, einen zentralen Terminus Cassirers gebrauchend, eine Abhandlung mit dem Titel *Die Perspektive als symbolische Form* (1927), in der das Aufkommen der perspektivischen Darstellungsform in der Malerei der Renaissance sowie deren Vorgeschichte in Antike und Mittelalter analysiert wird.[34] Panofsky verwendete außerdem in freier Weise cassirersche Begriffe zur Kennzeichnung seiner »Ikonographie«. So unterschied er Schichten der Interpretation von Bildwerken. Er hob eine phänomenale Schicht – Panofsky spricht von »Phänomensinn«, der in Sach- und Ausdruckssinn zu teilen sei – gegen einen »Bedeutungssinn« ab, bei dem das literarische Wissen eine Rolle spielt, und stellte beiden einen »Dokumentsinn« gegenüber, der auf das »weltanschaulich Mögliche« eines Werkes zielt.[35] Cassirers Denken ist heute also nicht nur in der symbolischen Form der Philosophie gegenwärtig, sondern auch – via Warburg, Panofsky und anderen – in Gestalt einer bedeutenden Richtung der modernen Kunstgeschichte.

10. Der ganze Cassirer soll es sein. Aspekte der zeitgenössischen Cassirer-Forschung

Die Auseinandersetzung um das philosophische Œuvre Ernst Cassirers erhielt in den letzten zwanzig Jahren entscheidende neue Impulse. Es war namentlich das Verdienst von John Michael Krois' *Ernst Cassirer: Symbolic Forms and History* (1987), den Blick für den »ganzen« Cassirer zu schärfen. Nur so nähert man sich seiner Philosophie auf adäquate Weise. Cassirers Philosophie ist – so hat Krois klargemacht – weder nur aus den Ursprüngen seines Denkens im Neukantianismus Hermann Cohens und Paul Natorps zu erschließen noch von Detailausschnitten seiner Kulturphilosophie – etwa Sprache oder Mythos oder Wissenschaft – her angemessen zu verstehen. Krois unterstreicht die Wichtigkeit von Autoren wie Wilhelm von Humboldt und Johann Wolfgang von Goethe bei der Grundlegung von zentralen Konzepten, wie dem Konzept der symbolischen Form, der symbolischen Prägnanz sowie dem Phasenschema der symbolischen Formungen. Krois legt in überzeugender Weise dar, wie eine bei Cassirer zwar nicht explizit ausgeführte, aber gleichwohl implizit angelegte Theorie der Moral als symbolische Form plausibel gemacht werden kann.

Die Cassirer-Forschung der Neunzigerjahre des 20. Jahrhunderts sowie des beginnenden 21. Jahrhunderts lässt sich in ihren inneren Motiven verstehen als Ausdifferenzierung und Verfeinerung, aber auch bisweilen als kritische Distanzierung von Krois' Ansatz. Strittig ist noch immer die Art des Einflusses des Neukantianismus auf die Kulturphilosophie des reifen Cassirer. Einige Interpreten, etwa Oswald Schwemmer, behaupten, dass das Verständnis Cassirers als Neukantianer eine »offensichtliche [...] Fehleinschätzung«[36] sei, weil die Akzentuierung der Sinne und ihre Befreiung aus der bloßen »Botmäßigkeit« für das Begrifflich-Diskursive den kantischen Vernunftbegriff »geradezu umkehrt«[37]. Andere Interpreten wiederum unterstellen eine Kontinuität zwischen Cassirers Kulturphilosophie und dem Neukantianismus. Es sei eine grobe Einseitigkeit, den Neukantianismus mit Erkenntniskritik und Methodologie der Wissenschaften zu identifizieren. Zieht man etwa den Neukantianer Richard Hönigswald heran, so zeigt sich, dass Cassirers »anthropologische Wende« in Hönigswalds Philosophie ein Pendant hatte.[38] »Orthodoxe« Neukantianer messen freilich Cassirers Kulturphilosophie mit der Elle von Hermann Cohens »Logik des Ursprungs«.[39]

Die Frage ist jedoch, ob eine Überakzentuierung des Neukantischen und letztlich auch des Kantischen in Cassirer das Neuartige seiner Kulturphilosophie nicht verdunkelt. Man muss gar nicht den Ausgangspunkt des cassirerschen Denkens im Neukantianismus von Cohen und Natorp in Abrede stellen. Durch die methodische Beanspruchung des symbolischen Denkens sowie durch die Einsicht in die Multidimensionalität der Kultur – nicht allein Wissenschaft, Moral und Kunst, sondern sie zusammen mit Sprache, Mythos, Technik, Religion, Geschichte, Recht, Moral und Politik machen erst das »Ganze« der Kultur aus – und überdies durch die Reflexion auf die politische Krisenanfälligkeit auch und gerade der modernen Kultur entfernt sich Cassirer Schritt für Schritt von den Vorgaben seiner akademischen Lehrer.[40]

Es bleibt dabei, wie ich im 6. Kapitel betont habe, dass Cassirer eine »anthropologische Wende« (Orth) vollzogen hatte, um die für sein mittleres und reifes Denken charakteristische *Kulturanthropologie* zu entfalten. Orth hat sie eindringlich beschrieben und vor allem, gestützt auf den Nachlass, die Wichtigkeit der Auseinandersetzung Cassirers mit klassischen philosophischen Anthropologen, wie Max Scheler und Helmuth Plessner, schon am Ende der Weimarer Republik hervorgehoben.[41] So lässt sich etwa Cassirers Triade der Symbolfunktionen – Ausdruck, Darstellung und Bedeutung – in den von Helmuth Plessner in seinem Buch *Die Einheit der Sinne* (1923) eingeführten Unterscheidungen zwischen der »thematischen Prägnanz«, der die Kunst zuzuordnen ist, der »syntagmatischen Präzisierbarkeit« der Sprache und der »schematischen Darstellbarkeit« der Wissenschaften spiegeln.[42] Plessners philosophische Anthropologie und Cassirers Kulturanthropologie verhalten sich zueinander wie »Frage und Antwort«[43]. Plessners berühmte anthropologische Formel, der zufolge die Stellung des Menschen in der Welt durch »exzentrische Positionalität« bestimmt ist, muss aus cassirerscher Optik als eine »Eigentümlichkeit des modernen Menschen«, d.h. als etwas historisch Gewordenes verstanden werden.[44]

Die phänomenologische Facette in Cassirers Kulturphilosophie hat ihr Pendant in Edmund Husserls Philosophie. Letztere zielte in ihrer Spätphase auf Anthropologie ab. Einer der Schlüsselbegriffe der Kulturphilosophie Cassirers, nämlich das Konzept der symbolischen Form, findet seine strukturelle Parallele in Husserls Begriff der »cogitativen Typen«.[45]

Das kulturanthropologische Profil der Philosophie Ernst Cassirers lässt sich nicht nur durch kontextuelle Seitenblicke auf Denker freilegen, die für ihn Zeitgenossen waren. Cassirers Kulturanthropologie wurde in der jüngeren Forschung in die Nähe des für uns zeitgenössischen Philosophierens über Kultur gerückt, weil es subkutane Kontaktpunkte mit der *Strukturalen Anthropologie* von Claude Lévi-Strauss gibt. Diese auf den ersten

Blick vielleicht überraschende Perspektive wird von Ronnie M. Peplow in seinem Buch *Ernst Cassirers Kulturphilosophie als Frage nach dem Menschen* (1998) substanziiert, indem der Autor »Konturen einer symbolischen Anthropologie« andeutet. Um den Abstand zwischen Cassirer und Lévi-Strauss zu überbrücken, ist es freilich nötig, mit Cassirers »linguistic turn« philosophisch einmal ganz Ernst zu machen. Der »linguistic turn« ist nicht erst für die Philosophie des 20. Jahrhunderts von ausschlaggebender Bedeutung geworden, wenn wir an Martin Heidegger und Ludwig Wittgenstein denken, sondern er inspirierte schon Johann Gottfried Herder und Johann Georg Hamann sowie Wilhelm von Humboldt. Durch eine Korrektur an Kants Rationalismus sollte der »linguistic turn« die »anthropologische Wende« der Philosophie einleiten. Im Klartext: Die menschliche Vernunft realisiert sich nur in der Vielfalt der über den Globus verstreuten Kulturen. Die Linguistik ist der Schlüssel, um die von Kant inaugurierte »kopernikanische Drehung« kulturphilosophisch fortzusetzen und um dadurch die Vielfalt der Kulturen zu denken.[46]

Der eigentliche Kontaktpunkt zwischen Cassirer und Lévi-Strauss liegt in Cassirers Vortrag *Structuralism in Modern Linguistic* (1946). Wo Cassirer endet, nämlich bei der Beschäftigung mit der strukturalistischen Linguistik, nimmt Lévi-Strauss den Faden wieder auf. Während Cassirer den Strukturalismus in der Linguistik auf der Folie von Goethes Morphologie und von dem Begriff der Gestalt reflektiert und dabei Form und Struktur einander annähert, gebraucht Lévi-Strauss die Morphologie, um die für seine Anthropologie grundlegende Konzeption der Transformation zu erklären. Gestützt auf N. Trubetzkoj, der auch für den späten Cassirer paradigmatische Bedeutung bezüglich des Verständnisses der Linguistik hat (vgl. EM, 124), arbeitet Lévi-Strauss die strukturalistische Linguistik zu einem methodischen Schlüssel für die Deutung der Kultur als soziale Struktur aus. Strukturen haben Systemcharakter. Sie lassen sich zu Gruppen von Modellen zusammenfügen, die Prognosen erlauben und Empirizität ermöglichen. Peplow analysiert den Schnittpunkt zwischen Cassirer und Lévi-Strauss ausführlich[47] und kommt, inspiriert durch Roger Silverstones Essay *Ernst Cassirer and Claude Lévi-Strauss: Two Approaches to the Study of Myth* (1976), zu der These, dass etwa hinsichtlich der Mythos-Deutung beide Ansätze, der bei der Subjektivität einsetzende Ansatz von Cassirer und der von aller Subjektivität gerade abstrahierende von Lévi-Strauss, sich »komplementär ergänzend zueinander« verhalten.[48] Sie bilden erst »zusammen genommen die Grundlage zu einer vollständigen Theorie des Mythos«[49].

Andreas Graesers Buch *Ernst Cassirer* (1994) setzte neue Akzente in der Cassirer-Deutung. Graeser liest Cassirer mit dem nüchternen Blick heutiger analytischer und hermeneutischer Philosophie, dabei die steril gewordene Opposition zwischen angelsächsischer Analytik und kontinentaler Hermeneutik hinter sich lassend. Er hegt große Bewunderung für den spekulativen Entwurf von Cassirers *Philosophie der symbolischen Formen*, hat zugleich aber auch einen geschärften Sinn für die Schwierigkeiten seiner Durchführung im Detail. Das verspricht viele plausible Einsichten. Bei seiner Behandlung etwa der symbolischen Form der Sprache zeichnet Graeser Cassirers Hypothese einer mimetischen Phase der Sprache subtil nach, indem er einschärft, dass dies nicht als simple Nachahmung, sondern immer auch schon als hervorhebende Gestaltung gedacht werden muss. »Phasen« sind eher als »Richtungen« der Sprachentwicklung zu verstehen. Sie markieren nicht »Zustände« und nichts »Statisches«. Sprachliche Referenz wirkt – das war Cassirers Punkt – sowohl in der Dimension nach außen auf Gegenstände als auch in der Dimension des seelischen Ausdrucks. Der Pol der welterschließenden Funktion der Sprache muss mit demjenigen des sich selbst Ausdrückens zusammen gesehen werden. Der Übergang von der mimetischen zur analogischen Phase ist demzufolge als Übergang zu einer »anderen Form von Referenz«[50] zu deuten.

In seiner Diskussion des Status der Kulturwissenschaften zeigt Graeser, dass Cassirers Gegenüberstellung von Kulturwissenschaften und mathematischen Naturwissenschaften nicht einfach Wilhelm Diltheys Kontrastierung von Geistes- und Naturwissenschaften sowie die im Heidelberger Neukantianismus zwischen Wilhelm Windelband und Heinrich Rickert geführte Debatte über nomothetische und idiographische Methoden wiederholt. Im Wissen um diesen Zusammenhang reagiert Cassirer vielmehr auf Rudolf Carnaps Herausforderung, die darin besteht, einen Sonderstatus der Geisteswissenschaften ab ovo zu verneinen. Cassirers Antwort liegt darin, nachzuweisen, dass Erkenntnisse über Dokumente der Kunst und Literatur intersubjektive Geltung beanspruchen können. Sie stiften eine »gemeinsame Welt«. Der Sonderstatus der Kulturwissenschaften ergibt sich, weil die »Ausdruckswahrnehmung« von anderer Art ist als die »Dingwahrnehmung« und weil die Ausdruckswahrnehmung »zum normalen Bestand unserer Wahrnehmung« gehört, sodass ihr Ausschluss zu einem eingeschränkten Begriff von Empirie führen würde.[51]

Cassirers Ziel war es, wie Graeser zu Recht unterstreicht, das Eigenrecht von Kulturbegriffen – Form, Stil, Struktur – zu legitimieren, ohne ihren wissenschaftlichen Anspruch, der in der »Subsumption des Besonderen unter das Allgemeine« besteht, aufs Spiel zu setzen. Graesers Resümee: Schwächen der cassirerschen Position zugegeben – Cassirer tendiert dazu, den Sinn eines Kunstwerks mit der Intention seines Autors zu identifizieren, und vernachlässigt die »Vorurteilsstruktur« (Gadamer) jedes Interpreten –, so »bleibt in der neueren hermeneutischen Diskussion die Rolle der Wahrnehmung und Beobachtung unklar. Hier scheint Cassirers Ansatz wichtige Diskussionsmöglichkeiten zu eröffnen.«[52]

Dass Graesers Methode des »close reading« auch ihre Schattenseiten hat, zeigt sich bei seiner Interpretation von Cassirers Reflexionen zur *Kunst* als einer symbolischen Form. Nach der korrekten Feststellung, dass für Cassirer die Kunst zu den »eigenständigen [...] und ursprünglichen Funktionen und Energien« zählt und daher ein »unabhängiges Diskurs-Universum« (VM, 234) darstellt[53], verzettelt sich Graesers Exposition. Richtig ist noch der Hinweis, dass der Rekurs auf die welterschließende Funktion der Kunst zu wenig hergibt, um die systematische Einbettung der Kunst in das Geflecht der anderen symbolischen Formen plausibel zu machen.[54] Dann jedoch reißt der Faden. Graeser konzentriert sich allzu ausschließlich auf die Nachahmung und das »Charakteristische« (Goethe) und berührt nur mit wenigen Strichen die analogische Symbolik der Kunst. Wir lesen viel im Prinzip Erhellendes über die subtilen verschiedenen Facetten der Nachahmung, aber nur wenig über Cassirers zentrale Annahmen, greifbar etwa im Konzept der intuitiven Symbolik.[55]

Hier hat eine neuere Arbeit endlich mehr Klarheit verschafft. In ihrem Buch *Die kunstästhetische Perspektive in Ernst Cassirers Kulturphilosophie*[56] zeichnet Michaela Hinsch Cassirers lebenslange Auseinandersetzungen mit der Kunst nach. Ihre These ist, dass Cassirers Bestimmung von Kunst im Sinne einer symbolischen Form sich aus der Synopse von drei Quellen speist. Goethe war der schaffende Künstler, der paradigmatische Bedeutung hatte. Schiller war für Cassirer wichtig, weil er in seinen kunsttheoretischen Schriften auf die Stellung der Kunst in der modernen Kultur reflektierte. Kant stand als Garant für die Integration der Kunst in die Philosophie. Im Zuge seiner philosophischen Arbeit wurden für Cassirer neben diesem »klassischen Trio« Konrad Fiedler, Benedetto Croce und Adolf von Hildebrand wichtig. Fiedler führte das kantische, von Hildebrand das goethesche und Croce das schillersche Element fort. Damit ist methodisch jedenfalls soviel geklärt, dass für Cassirer der fehlende vierte Band der *Philosophie der symbolischen Formen* Künstlerreflexionen und philosophische Perspektive hätte zusammenführen müssen, um die Kunst als eine symbolische Form sui generis theoretisch zu erfassen.

Wenn es denn der »ganze Cassirer« sein soll, dann darf der Wissenschaftsphilosoph Cassirer nicht fehlen. Mit seiner Monographie *Grundzüge einer Philosophie der Wissenschaften bei Ernst Cassirer* (2001) hat Karl-Norbert Ihmig dieses Desiderat der Cassirer-Forschung erfüllt. Seit Thomas Kuhns *Structure of Scientific Revolution* (1962) und den Arbeiten von Paul Feyerabend ist in der Wissenschaftsphilosophie die lange vorherrschende Disjunktion von Wissenschaftstheorie und Wissenschaftsgeschichte obsolet geworden. Das verschafft Cassirers umfangreichen Arbeiten zur Wissenschaftsgeschichte einen neuen Kontext und eine unerwartete Aktualität.

Ihmig zeigt, dass Cassirers eigene Position hinsichtlich der Struktur der Wissenschaftsentwicklung die von Pierre Duhem (1861-1916) favorisierte »Kontinuitätshypothese« – Kuhns »normale Wissenschaft« – mit der Idee der »Mutation« – Kuhns revolutionärem Umbruch – zwanglos verbindet.[57] Cassirer sieht die Dynamik der Wissenschaften gekennzeichnet durch »Begriffsentwicklung«, durch »zunehmende Verallgemeinerung« und durch den »Prozess der Objektivierung«. Ihmig arbeitet Übereinstimmung und Abgrenzung zwischen Cassirer und Duhem klar heraus. U.a. gibt es Übereinstimmungen hinsichtlich des Symbolcharakters der Wissenschaften, des Bruchs zwischen wissenschaftlichem Erkennen und Alltagserfahrung, der Einschätzung von wissenschaftlichen Prinzipien als kontrafaktischen »idealen Grenzen«. Cassirer kann jedoch Duhem nicht folgen, wenn dieser eine zunehmende Konvergenz zwischen Theorien und davon unabhängiger, für sich seiender Wirklichkeit unterstellt, da dies voraussetzen würde, dass es eine »von allen Erkenntnismitteln losgelöste [...] Realität« gibt. Als kritischer Idealist geht Cassirer demgegenüber von der Annahme aus, dass die Wirklichkeit immer schon auf Konstruktion beruht. Außerdem kritisiert er Duhems Unterscheidung von einem beschreibenden und einem erklärenden Teil einer Theorie.[58]

Nun erschöpft sich Ihmigs Monographie zur Wissenschaftsphilosophie Cassirers keineswegs in einer Konfrontation von Ernst Cassirer und Pierre Duhem. Rückblicke auf Kant sowie kontrastierende Seitenblicke auf logische Empiristen wie Moritz Schlick, Rudolf Carnap und Ernst Mach sowie auf philosophierende Mathematiker – Felix Klein, Bernhard Riemann, Hermann von Helmholtz, David Hilbert – und philosophierende Physiker – Max Planck, nicht zuletzt Albert Einstein – geben der ihmigschen Arbeit allererst Farbe. Hervorzuheben ist seine These, dass das Zentrum von Cassirers Wissenschaftsphilosophie in der aus Kant hergeleiteten Idee von Naturwissenschaft im Sinne eines »Systems der Erfahrung« liegt. Das bedeutet einerseits, dass die einzelnen Wissenschaften nach einem »eigenen« System streben, andererseits aber erlaubt es die Idee des Systems der Erfahrung, worin sich die Einheit der Natur spiegelt, die verschiedenen Theorien auch über revolutionäre Umbrüche hinweg aufeinander zu beziehen. Dadurch wird Kuhns überscharfe Pointierung des Aspekts der Inkommensurabilität zwischen historisch verschiedenen Theorien vermieden. Ihmig substanziiert seinen Ansatz der Interpretation an spezifischen Problemen wie der Relativitätstheorie und der Umgestaltung des Begriffs des Raumes. Er deutet das Problem der Anwendung von Mathematik auf »physikalische« Gegenstände als die Spezifikation eines frei entworfenen Systems auf empirisch erfassbare Tatbestände.[59]

Ein heiß umstrittenes Thema der Cassirer-Debatten der letzten Jahre war das Theorem der *symbolischen Prägnanz*, auf das ich im 4. Kapitel eingegangen bin. Während die eine Interpretationsrichtung davon ausgeht, dass wir in dem Konzept der symbolischen Prägnanz neben dem der symbolischen Form so etwas wie einen Grundbegriff der cassirerschen Kulturphilosophie haben[60], macht die andere Richtung geltend, dass dieser Begriff zu mehrdeutig ist und es vieler Klärungen bedarf, um seinen systematischen Status als »Schlüsselbegriff« (Schwemmer, Rill) zu validieren.[61]

Die einen sehen im Begriff der symbolischen Prägnanz das »Transzendentale in Cassirers Philosophie« (Krois). Das bedeutet soviel wie, dass das »animal symbolicum« Mensch seine kulturellen Fähigkeiten nur insofern entfalten und entwickeln kann, als dabei das »Urphänomen« der symbolischen Prägnanz unterstellt wird. Die anderen halten Cassirers eigene Ausführungen für unentschieden und ambivalent. Der analytische Kontext im dritten Band der *Philosophie der symbolischen Formen* (vgl. PSF III, 222-237) – so wird gesagt – legt nahe, dass die symbolische Prägnanz nicht für die Ausdrucks-, sondern nur für die Dingwahrnehmung beansprucht werden darf. Strikt gesprochen, bezieht Cassirer nur an einer Stelle der *Philosophie der symbolischen Formen* die symbolische Prägnanz auf den »Ausdruckssinn«. (Vgl. PSF III, 232) Erst später in seiner Auseinandersetzung mit Konrad Marc-Wogau habe Cassirer den Anwendungsbereich des Begriffs der symbolischen Prägnanz erweitert, indem er diesen explizit auf die Ausdruckswahrnehmung anwendet. (Vgl. WWS, 222 f.)[62]

Der Status und die Stellung des Konzepts der symbolischen Prägnanz in der Philosophie der symbolischen Formen stehen also zur Debatte. Die restriktive Eingrenzung des Anwendungsbereichs der symbolischen Prägnanz auf die Dingwahrnehmung ist – das ist mein eigener Punkt – nicht zu halten. Eine solche Annahme würde darauf hinauslaufen, dass der Mythos (wie die Religion und die Kunst) ohne Chance auf eine symbolphilosophische Ausdeutung bleiben müsste. Mythische Erfahrungen wären dann nie als symbolisch prägnant zu qualifizieren. Es ist ferner nicht zutreffend, dass die »Ausdruckswahrnehmung« ohne jedes »Formmoment« ist.[63] Richtiger ist dagegen, zu sagen, dass sie Strukturen der Artikuliertheit und der »Sinnfügung« aufweist.[64] Wir können nämlich sehr wohl die kalte Freundlichkeit im Gesichtsausdruck eines Pokerface von einer sympathischen warmherzigen Freundlichkeit unterscheiden und entsprechend differenziert reagieren.

Die Ausdruckswahrnehmung beruht nicht ausschließlich auf »bloßer Rezeptivität«, wiewohl Cassirer selbst das manchmal suggeriert.[65] Denn für Cassirer gilt, dass die »Ding-Eigenschafts-Wahrnehmung« keineswegs »aus dem Nichts entspringen [...] kann. Sie knüpft an eine Grundrichtung der sinnlichen Wahrnehmung an – und sie bleibt ihr auch dort verhaftet und verpflichtet, wo sie sich weit über sie erhebt« (PSF III, 90).

Auch wenn man zugesteht, dass die Unterscheidung von »natürlicher« und »künstlicher« Symbolik (vgl. PSF I, 42 f.) für die Systematik der cassirerschen Kulturphilosophie von untergeordneter Bedeutung ist, so macht es doch Sinn, in der symbolischen Prägnanz einen transzendentalen Faktor zu sehen; denn die transzendentale Auszeichnung des »Urphänomens« der symbolischen Prägnanz sichert systematisch die unbeschränkte Integration der leiblichen Expressivität in die Kulturphilosophie und befreit diese damit davon, das Relationale des Symbolischen ausschließlich am Leitfaden des prädikativen Denkens zu konzeptualisieren. Das Konzept der symbolischen Prägnanz erlaubt es also, die Kultur in der vertikalen Dimension bis hinab in die leiblichen Ausdrucksphänomene auszuloten, während das Konzept der symbolischen Formen die Kultur in der horizontalen Dimension, d.h. in der pluralen Vielfalt ihrer Erscheinungen, zu erschließen vermag. Die eine Dimension lässt sich nicht auf die andere reduzieren. Nur beide zusammen geben uns einen brauchbaren Zugang zum Verständnis der menschlichen Kultur.

Nicht minder kontrovers als das Theorem der symbolischen Prägnanz ist die Frage, ob Cassirers Kulturphilosophie eine eigene veritable Perspektive in der *Moraltheorie* enthält oder ob der ethisch-normative Impetus kritischer Philosophie Cassirer davon abhielt, die Moralität als eigenständige symbolische Form herauszudestillieren.

Es ist zuzugeben, dass Cassirers thematische Ausführungen zu Moral, Sitte und Ethik nicht gerade umfangreich sind. Daher müssen die Texte allererst darauf hin interpretiert werden, ob sie eine in sich konsistente Position in der Ethik hergeben. Und auch hier ist die Schar der Interpreten geteilt. Einige argumentieren, dass die kulturelle Dynamik im Zeichen des Symbolischen sowie die zur Kultur gehörende Ausdifferenzierung der symbolischen Formen moralische Effekte haben.[66] Zieht man die Schrift *Axel Hägerström* (1939) heran, so zeigt sich, dass es für Cassirer selbst nicht genügen kann, die philosophische Ethik in die Deskription der zu einer Kultur gehörenden Sittlichkeit aufzulösen, wie Hägerström es wollte. Der philosophischen Ethik muss es um die Begründung von moralischem Verhalten gehen. In der Geschichte der philosophischen Ethik halten sich als Konstanten bei der Begründung von moralischem Verhalten das Streben nach Universalität und nach Individualität durch. (Vgl. AH, 79-82) Die freie Persönlichkeit, die sich selbst ihre Form gibt, ist das in der Moderne sich herausbildende Ideal. (Vgl. EBK, 249 f.) Hierbei geht es um die universelle Anerkennung von individualisierten Lebensentwürfen. Kernbegriffe der Ethik, wie Verlässlichkeit, Vertrag, Pflicht, Wille, aber auch das Recht lassen sich vom Versprechen herleiten. Durch ein Versprechen binden sich ein Handelnder sowie die Adressaten, denen das Versprechen gegeben wird, wechselseitig. Das Versprechen kann man nun in Analogie zu dem für die Kultur konstitutiven Werk bringen. Wie das Werk immer auch unabhängig von seinem Autor im Raum der Öffentlichkeit fungiert, so gilt auch vom Versprechen, dass es Teil der Welt wird und sich als »Vertrag« verstehen lässt. »Transzendierung der Subjektivität«, »Anerkennung der Anderen«, »Verlässlichkeit für Andere«, »Selbstgesetzgebung« sind die moralischen Komponenten der Kultur.[67]

Die Suche nach einer Moralphilosophie im Denken Cassirers darf man nicht auf die Suche nach der Begründung von ethischen Prinzipien (etwa utilitaristische Glücksmaximierung oder Kants kategorischer Imperativ) verkürzen. Es geht Cassirer vielmehr um das theoretische Durchdringen des moralischen Impulses, wie er in den verschiedenen Systemen der Moral wirksam ist. Das aber bedeutet, dass die Moralität nicht von den jeweiligen kulturellen Kontexten getrennt werden kann, in denen sie sich artikuliert. Moralischer Impuls und schöpferische kulturelle Gestaltung können freilich nicht gleichgesetzt werden.

Letztlich verhält sich Cassirer neutral zu der folgenden Alternative: Die Universalisierung der Moral kann erstens heißen, dass sich in den vielen Moralen eine »letzte« Moral ausspricht, und zweitens, dass die Moralität nie von dem Kontext, in dem sie auftritt, abgelöst werden kann.[68] Als kritischer Kulturphilosoph kennt Cassirer beides, den Durchbruch zu der Idee einer neuen Reflexionsstufe der Moralität, wie er sich in der Französischen Revolution ereignete, aber auch den Verfall von Moralität, wie er sich faktisch im totalitären Staat abspielte.[69]

Weil Kultur immer auch Kommunikation und Austausch unter den Menschen impliziert, kann ein Mensch sehr wohl seiner eigenen Kultur und der durch sie geprägten Moral folgen und zugleich offen sein für die Artikulationen von Moralität in anderen Kulturen. Hier liegt eine besondere Aktualität der cassirerschen

Kulturphilosophie. Sie versucht, beide Verlockungen zu vermeiden, die Verlockung des Kulturrelativismus wie auch diejenige eines starren Universalismus von Moralsystemen. Cassirers Ansatz bietet die Möglichkeit einer »transkulturellen Offenheit«.[70]

Obwohl ich die Plausibilität dieser Überlegungen nicht infrage stellen möchte, setze ich die Akzente etwas anders. John Michael Krois' These, dass Cassirers Ethik im Kern ein »right to personality« impliziert, das der moderne konstitutionelle Staat garantiert und das die Phase des »purely symbolic« in »moral thought« charakterisiert, ist noch zu wenig. Zwar ist es richtig, dass sich für Cassirer nur im Rahmen eines modernen Verfassungsstaats die im symbolischen Denken beschlossene Möglichkeit, Humanität zu generieren, voll gültig entfalten kann.[71] Aber m.E. läuft Cassirers Ethik auf eine »Ethik der Authentizität« hinaus, der Charles Taylor in unserer Zeit erneut eine Stimme verliehen hat. Die Ethik der Authentizität wurde historisch durch Rousseau und Herder angebahnt. Sie lässt sich auf Pico della Mirandola und Michel de Montaigne, aber auch auf Shaftesbury zurückverfolgen. Die Ethik der Authentizität tauchte historisch als Parallele und als Ergänzung zum universellen Egalitarismus der Aufklärung auf und akzentuierte das Eingebettetsein des Individuums in einen kulturellen Kontext sowie sein Streben nach universeller Anerkennung von individueller Eigentümlichkeit. In der Ethik der Authentizität kommen die Pole der Universalität und der Individualität zur Synthese.[72]

Das komplexe Denken Ernst Cassirers hat die Interpreten immer wieder dazu angeregt, dieses in den Kontext zu anderen Denkern bzw. Theorietraditionen zu setzen. So haben wir Studien, die Cassirer in Kontakt mit der kritischen Theorie und Nelson Goodman bringen[73], sodann solche, die das Verhältnis von Cassirer und Heidegger bearbeiten[74], ferner diejenigen, welche

Cassirer mit Frege, Husserl und Hönigswald vergleichen[75], außerdem natürlich jene, die Cassirer und Goethe behandeln[76].

Hier soll auf einen originellen Versuch hingewiesen werden, Cassirers Philosophie der symbolischen Formen und Niklas Luhmanns *Systemtheorie* für eine Theorie der symbolischen Identität fruchtbar zu machen. Wie viele seiner zeitgenössischen philosophischen Kollegen auch konzeptualisiert Cassirer das Bewusstseinsleben mit der Metapher des *Stromes* als abgesetzt gegen die atomistische, von stabilen elementaren Bewusstseinseinheiten ausgehende Assoziationspsychologie. Dies verbindet Cassirer mit Denkern wie William James, Henri Bergson, Edmund Husserl und dem jungen Martin Heidegger. Was Cassirers phänomenologische Beschreibung des Bewusstseinsstroms freilich auszeichnet, ist der Umstand, dass er neben der prozessualen Instabilität zugleich auch mit der dazu gegenläufigen Tendenz zu Festigkeit und Gestalt operiert. Beide Leistungen des menschlichen Bewusstseins sind der zentrierenden wie der verflüssigenden, der relationierenden Fähigkeit der Symbolisierung zu danken. Die Annahme des symbolischen Denkens, so sagt Rill[77], gestattet es Cassirer, das Bewusstseinsleben in größtmöglicher Komplexität auszuleuchten, nicht zuletzt auch deshalb, weil er das Bewusstseinsleben auf die Pluralität der symbolischen Formen der Kultur zu beziehen weiß.

Eine Stelle aus der *Philosophie der symbolischen Formen* bringt diesen Zusammenhang prägnant zum Ausdruck: »Der symbolische Prozess ist wie ein einheitlicher Lebens- und Gedankenstrom, der das Bewußtsein durchflutet und der in dieser seiner strömenden Bewegtheit erst die Vielgestaltigkeit und den Zusammenhang, erst seine Fülle wie seine Kontinuität und Konstanz zuwege bringt.« (PSF III, 235) Die hier angedeutete Tendenz zur Gliederung des strömenden Bewusstseinslebens geschieht Rill zufolge durch Prozesse der Hervorhebung relevanter und des Absinkens weniger relevanter Momente. So wird Stabilität durch die basale Form der Selektion erreicht.[78] Die Fülle verströmt nicht einfach, sondern rundet sich zu einer festen Form, wie Cassirer selbst sagt. Cassirer vermag dies zu zeigen, weil er einerseits parallel zu Husserl und Heidegger auf das Zeitbewusstsein reflektiert sowie andererseits auf die »Gliederungsfähigkeit« der verschiedenen symbolischen Medien. Man denke etwa an die Lautgestalt bezogen auf die symbolische Form der Sprache.[79]

Wie Cassirer verabschiedet auch Luhmann die Vorstellung fester Substanzen. Luhmann konzeptualisiert die Prozessualität von Systemen in Termen wie »autopoietische Organisation« und »selbstreferenzielle Funktion«. Der Zugriff auf das Problem der Stabilität und Prozessualität geschieht bei Luhmann aus der Perspektive des temporalisierten Handlungsbegriffs, wie Rill betont. Indem am Zeitbewusstsein die »Punktualisierung« des Augenblicks hervorgehoben wird, gelingt es Luhmann, den »Ereignischarakter« von Handlungen herauszuarbeiten, d.h. die Handlungssequenzen in das Netzwerk von Selektion und prekärer Fixierung einzubetten. Luhmann greift auf Husserls Analysen zum Zeitbewusstsein zurück, freilich in der Absicht, die Annahme eines transzendentalen Ego als Träger des Zeitbewusstseins zu verabschieden.[80]

An seine Stelle treten die einem System zuzuschreibenden »Sinnfelder«, die gemäß dem Rhythmus von selbstreferenziellem Einschluss und Ausschluss das System autopoietisch generieren. Hierbei kommen Symbolisierungsleistungen in Form von Differenzieren und Identifizieren, von Bezeichnen und in Form von »symbolischen Bindungen« zum Zuge. Der »Sinn« fungiert, wie Luhmann selbst sagt, als »Strategie des Auffangens und Prozessierens der eigenen Instabilität«. Bei der Analyse von Symbolprozessen arbeitet Luhmann mit dem Begriff der Struktur. Die Deutung von Strukturen wird nicht als »Erzeugnis eines intentionalen

Subjekts« gedacht. Strukturen sind vielmehr Mittel der Selektionsverstärkung. Sie haben keine feste Bedeutung, sondern sind Muster für die Verknüpfung von Ereignissen. In Rills Darstellung steht für Luhmann der Begriff des Subjekts nicht am Anfang der systemtheoretischen Analyse, sondern am Ende. Das Subjekt ist weit eher ein Effekt als eine Voraussetzung der Systembildung.[81]

Nun kann man Rill zustimmen, wenn er feststellt, dass zur Theorie der symbolischen Identität »phänomenologische, symboltheoretische und systemtheoretische Perspektiven« aufzugreifen sind. Eine solche Theorie ist nötig, um Cassirers Symbolphilosophie ein deutlicheres handlungstheoretisches Profil zu geben. Auch ist es zutreffend, dass in Cassirers symboltheoretischem Entwurf »die symbolische Organisation des Erfahrungsstromes« keine »Deprivationsform« darstellt, wie Bergson meinte, sondern »ein Intensivierungsmoment des Erlebens«. Schließlich hat Rill Recht, wenn er schreibt, dass Cassirers »Organisationstheorie« der Erfahrung mit Luhmanns »naturalistischer Systemkonzeption« analytisch zugespitzt werden kann, sodass der Prozess symbolischer Bestimmung als »Reduktion von Komplexität« zum Zwecke der »Entwicklung autonomer und überschaubarer symbolischer Bereiche« verstanden werden kann.[82]

Aber Rill hält diese Perspektive einer wechselseitigen Erhellung von Cassirer durch Luhmann und von Luhmann durch Cassirer nicht konsequent durch. Denn die für die Theorie der symbolischen Identität nötige Ressource der Kreativität wird allzu einseitig als eine Sache der individuellen Aneignung kultureller Bestände sowie als Hervorbringung von »neuartigen« Werken der Kunst und Religion interpretiert. Hier ist nur noch der Bezug auf Cassirer führend. Eine komplementäre luhmannsche Erwägung fällt ganz aus.[83]

Zum Abschluss dieser Übersicht noch wenigstens ein knapper Hinweis auf die *theologische* Rezeption von Cassirers Kulturphilosophie. Es fällt auf, dass theologisch-religionsphilosophische Arbeiten über Ernst Cassirer bemerkenswert zahlreich geworden sind. An dieser Stelle möchte ich beispielhaft auf ein Buch hinweisen.

Wie ich weiter oben entwickelte, gehen für Cassirer Kunst und Religion aus der »Dialektik des mythischen Bewusstseins« hervor. Die Religion bricht mit der Magie der mythischen Bilder, indem sie eine moralisch-ethische Neuorientierung des Menschen einführt. Die Religion bleibt aber konstitutiv an den Mythos gebunden, den sie transformiert. Dabei gilt für Cassirer, dass die Religion nie ohne Mythos auskommt. Vogl sagt es so: »Wenn der Mythos der Bruder der Religion ist, dann ist sie sein Hüter.«[84]

Das Paradox ist nun: Während Cassirer viel über die Genese der Religion aus dem Mythos zu sagen hat und auch Begriffe wie »Kultus« und »Ritus«, »Gebet« und »Opfer« ausführlich analysiert[85], so gilt mit Vogl: »Über die ›Religion nach der Aufklärung‹ ist bei Cassirer unmittelbar nichts in Erfahrung zu bringen.«[86] Vogl zufolge fehlt Cassirer eine systematische Unterscheidung im Umgang mit dem Mythos, die allererst die moderne Religion denken lässt. Um hier weiterzukommen, greift Vogl auf Paul Tillich zurück. Tillich meinte, dass moderne Religionen sich nicht unmittelbar auf Mythen beziehen und auch keineswegs nur ikonoklastisch oder mystisch sein müssen, sondern sie gehen mit »gebrochenen Mythen« um: »Ein modernes religiöses Bewußtsein kann durch [...] diese Doppelung von Wissen um die Sinnbildlichkeit einerseits und emotionalem ›Angegangensein‹ andererseits charakterisiert werden.«[87] Diesem Satz muss man sogleich die folgende Reflexion hinzufügen. Moderne Religiosität zeichnet sich dadurch aus, dass sie ein Bewusstsein davon hat, dass die Religion *eine*, wenn auch eine *unerlässliche* symbolische Form neben anderen ist. Nur auf diese Weise ist das emanzipatorische Potenzial, das der Religion als einer symbolischen Form innewohnt, unter den Bedingungen der Moderne nach der Aufklärung aufrechtzuerhalten: »Die Freiheitsfähigkeit des religiösen Bewußtseins muß sich [...] an der Forderung bewähren, die Autonomie der anderen symbolischen Weltverhältnisse [...] anerkennen zu können. Es muß in der Lage sein, sich im Kulturganzen zu verorten, seine Objektivität und sein Ethos als *eine* symbolische Sicht auf Welt und Menschheit zu begreifen.«[88]

Anhang

Anmerkungen

1 Vgl. H. Paetzold, Die Realität der symbolischen Formen. Die Kulturphilosophie Ernst Cassirers im Kontext, Darmstadt 1994, S. 44 f.
2 Vgl. T. Cassirer, Mein Leben mit Ernst Cassirer, Hildesheim 1981, S. 226; vgl. J.M. Krois, Cassirer: Symbolic Forms and History, New Haven/London 1987, S. 30.
3 Vgl. D.P. Verene (Hg.), Symbol, Myth, and Culture: Essays and Lectures of Ernst Cassirer, 1935-1945, New Haven/London 1979, S. 219-267.
4 Vgl. D.R. Lipton, Ernst Cassirer: The dilemma of a liberal intellectual in Germany, 1914-1933, Toronto/Buffalo/London 1978, S. 50-69.
5 Vgl. H. Lübbe, Neukantianischer Sozialismus, in: H.-L. Ollig (Hg.), Materialien zur Neukantianismus-Diskussion, Darmstadt 1987, S. 219-263.
6 Vgl. M. Ferrari, Das Problem der Geisteswissenschaften in den Schriften Cassirers für die Bibliothek Warburg (1921-1923). Ein Beitrag zur Entstehungsgeschichte der »Philosophie der symbolischen Formen«, in: Über Ernst Cassirers Philosophie der symbolischen Formen, hg. von H.-J. Braun/H. Holzhey/E.W. Orth, Frankfurt/M. 1988, S. 114-133.
7 Vgl. H. Schnädelbach, Philosophie in Deutschland 1831-1933, Frankfurt/M. 1983, S. 205 ff.
8 Vgl. E. Cassirer, Zur Logik der Kulturwissenschaften, Darmstadt 1961, S. 35 ff.
9 Vgl. H. Paetzold, Francis Bacons Idolenlehre. Versuch einer systematischen Interpretation, in: Archiv für Begriffsgeschichte, Bd. XXIV, 1985, S. 26-46.
10 Vgl. E. Husserl, Die Krisis der europäischen Wissenschaften und die transzendentale Phänomenologie, hg. von E. Ströker, Hamburg 1977, S. 55.
11 Vgl. F. Kaufmann, Cassirers Wissenschaftstheorie, in: P.A. Schilpp (Hg.), Ernst Cassirer, Stuttgart u.a. 1966, S. 118-145.

12 Vgl. E. Cassirer, Zur modernen Physik, 5. Aufl., Darmstadt 1980, S. 110. Zu Cassirers Deutung der neueren Physik vgl.: K. Hübner, Cassirers Beitrag zur Philosophie der Physik, in: H.-L. Ollig (Hg.), Materialien zur Neukantianismus-Diskussion, a.a.O., S. 264-293.

13 Vgl. E. Cassirer, Idee und Gestalt. Goethe. Schiller. Hölderlin. Kleist, Darmstadt 1971, S. 69 f.

14 Vgl. H.-L. Ollig (Hg.), Materialien zur Neukantianismus-Diskussion, a.a.O. Vgl. auch: ders. (Hg.), Neukantianismus. Texte der Marburger und der Südwestdeutschen Schule, ihrer Vorläufer und Kritiker, Stuttgart 1982 (mit Bibliographie zum Thema).

15 Vgl. J.M. Krois, Cassirer: Symbolic Forms and History, a.a.O., S. 50-57; vgl. auch: ders., Problematik, Eigenart und Aktualität der Cassirerschen Philosophie der symbolischen Formen, in: Über Ernst Cassirers Philosophie der symbolischen Formen, a.a.O., S. 15-44.

16 J.M. Krois, Problematik, Eigenart und Aktualität der Cassirerschen Philosophie der symbolischen Formen, a.a.O., S. 23.

17 Vgl. ders., Ernst Cassirers Semiotik der symbolischen Formen, in: Zeitschrift für Semiotik, Heft 4, 1984, S. 433-444, hier S. 443 f.

18 Vgl. E. Cassirer, Sprache und Mythos, Leipzig/Berlin 1925, S. 37.

19 Vgl. J.M. Krois, Problematik, Eigenart und Aktualität der Cassirerschen Philosophie der symbolischen Formen, a.a.O., S. 20.

20 Vgl. ders., Cassirer: Symbolic Forms and History, a.a.O., S. 144 ff.

21 Vgl. E. Cassirer, Zur modernen Physik, a.a.O., S. 161 ff.

22 Im Folgenden beziehe ich mich auf mein Buch: Die Realität der symbolischen Formen, a.a.O., S. 1-20.

23 Vgl. meine Analyse im zweiten Kapitel meines Buches: Ästhetik der neueren Moderne. Sinnlichkeit und Reflexion in der konzeptionellen Kunst der Gegenwart, Stuttgart 1990.

24 Vgl. W.M. Urban, Cassirers Philosophie der Sprache, in: P.A. Schilpp (Hg.), Ernst Cassirer, a.a.O., S. 281-315, hier S. 285 ff.

25 Das Folgende in Anlehnung an mein Buch: Die Realität der symbolischen Formen, a.a.O., S. 20-37. Vgl. auch: T. Göller, Ernst Cassirers kritische Sprachphilosophie. Darstellung, Kritik, Aktualität, Würzburg 1986, S. 83 ff., 100 ff.

26 Vgl. meinen Artikel: Der Mensch, in: E. Martens/H. Schnädelbach (Hg.), Philosophie. Ein Grundkurs, Reinbek 1991, Bd. 2, S. 427-466.

27 Vgl. E. Cassirer, Freiheit und Form. Studien zur deutschen Geistesgeschichte, Berlin 1922, S. 99 ff.

28 Vgl. D.P. Verene (Hg.), Symbol, Myth, and Culture: Essays and Lectures of Ernst Cassirer, 1935-1945, a.a.O., S. 145 ff.

29 Vgl. ders., Introduction, in: Symbol, Myth, and Culture, a.a.O., S. 24-32.

30 Vgl. E. Cassirer, Thomas Manns Goethebild. Eine Studie über Lotte in Weimar, in: German Review, Bd. XX, Nr. 3, 1945, S. 166-194.

31 Das Folgende in Anlehnung an mein Buch: Die Realität der symbolischen Formen, a.a.O., S. 111-145.

32 Zu Woltmann vgl.: J. Misch, Die politische Philosophie L. Woltmanns, Bonn 1975, S. 233 ff. Vgl. allgemein: Doris Mendlewitsch, Volk und Heil. Vordenker des Nationalsozialismus im 19. Jahrhundert, Rheda-Wiedenbrück 1988; George L. Mosse, Die Geschichte des Rassismus in Europa, Frankfurt/M. 1990.

33 Vgl. S. Ferretti, Cassirer, Panofsky, and Warburg. Symbol, Art, and History, New Haven/London 1989.

34 Vgl. E. Panofsky, Aufsätze zu Grundfragen der Kunstwissenschaft, hg. von H. Oberer/E. Verheyen, Berlin 1974, S. 99 ff.

35 Vgl. ders., Zum Problem der Beschreibung und Inhaltsdeutung von Werken der bildenden Kunst, in: ders., Aufsätze zu Grundfragen, a.a.O., S. 85 ff. Vgl. auch: S. Ferretti, Cassirer, Panofsky, and Warburg, a.a.O., S. 177 ff., 202 ff.

36 O. Schwemmer, Ernst Cassirer. Ein Philosoph der europäischen Moderne, Berlin 1997, S. 200.

37 Ebenda, S. 25.

38 Vgl. E.W. Orth, Von der Erkenntnistheorie zur Kulturphilosophie. Studien zu Ernst Cassirers Philosophie der symbolischen Formen, Würzburg 1996, S. 253-277.

39 Vgl. T. Knoppe, Die theoretische Philosophie Ernst Cassirers. Zu den Grundlagen transzendentaler Wissenschafts- und Kulturtheorie, Hamburg 1992, S. 63-100, S. 173-185.

40 Vgl. meinen Essay: Die Frage nach Ernst Cassirers Neukantianismus mit Blick auf Cohen und Natorp, in: C. Krijnen/E.W. Orth (Hg.), Sinn, Geltung, Wert. Neukantianische Motive in der modernen Kulturphilosophie, Würzburg 1999, S. 219-235.

41 Vgl. E.W. Orth, Von der Erkenntnistheorie zur Kulturphilosophie, a.a.O., S. 225-277.

42 Vgl. ebenda, S. 233 f.
43 Ebenda, S. 230.
44 Vgl. ebenda, S. 245.
45 Vgl. ebenda, S. 307-313.
46 Vgl. R.M. Peplow, Ernst Cassirers Kulturphilosophie als Frage nach dem Menschen, Würzburg 1998, S. 19-62.
47 Vgl. ebenda, S. 158-169.
48 Vgl. ebenda, S. 178.
49 Ebenda, S. 182.
50 A. Graeser, Ernst Cassirer, München 1994, S. 56-59.
51 Vgl. ebenda, S. 115-124.
52 Ebenda, S. 128.
53 Vgl. ebenda, S. 87.
54 Vgl. ebenda, S. 88 f.
55 Vgl. ebenda, S. 90-98.
56 Vgl. M. Hinsch, Die kunstästhetische Perspektive in Ernst Cassirers Kulturphilosophie, Würzburg 2001.
57 Vgl. K.-N. Ihmig, Grundzüge einer Philosophie der Wissenschaften bei Ernst Cassirer, Darmstadt 2001, S. 94-101.
58 Vgl. ebenda, S. 101-139.
59 Vgl. ebenda, S. 125-249.
60 Vgl. J.M. Krois, Cassirer: Symbolic Forms and History, a.a.O., S. 52-57; ders., Problematik, Eigenart und Aktualität der Cassirerschen Philosophie der symbolischen Formen, in: Über Ernst Cassirers Philosophie der symbolischen Formen, a.a.O., S. 15-44, hier S. 22-26; ders., Cassirer, Neo-Kantianism and Metaphysics, in: Revue de Métaphysique et de Morale 97, 1992, S. 437-453, hier S. 448-450; H. Paetzold, Ernst Cassirer. Von Marburg nach New York. Eine philosophische Biographie, Darmstadt 1995, S. 46 f.; E.W. Orth, Von der Erkenntnistheorie zur Kulturphilosophie, a.a.O., S. 82 f., 173, 207 f., 273, 312; O. Schwemmer, Ernst Cassirer, Berlin 1997, S. 69-125, hier S. 122.
61 Vgl. A. Graeser, Ernst Cassirer, a.a.O., S. 30-33, 144; P. Dubach, »Symbolische Prägnanz« – Schlüsselbegriff in Ernst Cassirers Philosophie der symbolischen Formen?, in: Kulturkritik nach Ernst Cassirer, hg. von E. Rudolph/B.-O. Küppers, Hamburg 1995, S. 47-84; T. Göller, Ernst Cassirers kritische Sprachphilosophie. Darstellung, Kritik, Aktualität, Würzburg 1986, S. 112-115.

62 Vgl. P. Dubach, »Symbolische Prägnanz«, a.a.O., S. 61-64.
63 Vgl. ebenda, S. 64.
64 Vgl. O. Schwemmer, Ernst Cassirer, a.a.O., S. 119-121.
65 Vgl. P. Dubach, »Symbolische Prägnanz«, a.a.O., S. 65.
66 Vgl. T. Kautz, Ernst Cassirer und die Ethik. Eine Studie zur Philosophie der symbolischen Formen, Darmstadt 1990.
67 Vgl. O. Schwemmer, Ernst Cassirer, a.a.O., S. 173.
68 Vgl. ebenda, S. 183-185.
69 Vgl. ebenda, S. 182 f.
70 Vgl. ebenda, S. 194 f.
71 Vgl. J.M. Krois, Cassirer: Symbolic Forms and History, a.a.O., S. 151-175.
72 Vgl. H. Paetzold, Symbol, Culture, City. Five Exercises in Critical Philosophy of Culture, Maastricht 2000, S. 22-24.
73 Vgl. ders., Die Realität der symbolischen Formen, a.a.O., S. 79-145; ders., Symbol, Culture, City, a.a.O., S. 27-41.
74 Vgl. C. Hackenesch, Selbst und Welt. Zur Metaphysik des Selbst bei Heidegger und Cassirer, Hamburg 2001.
75 Vgl. C. Bermes, Bedeutung als Bestimmung und Bestimmbarkeit. Eine Studie zu Frege, Husserl, Cassirer und Hönigswald, Würzburg 1997.
76 Vgl. B. Naumann, Philosophie und Poetik des Symbols. Cassirer und Goethe, München 1998.
77 Vgl. I. Rill, Symbolische Identität. Dynamik und Stabilität bei Ernst Cassirer und Niklas Luhmann, Würzburg 1995.
78 Vgl. ebenda, S. 62, 67.
79 Vgl. ebenda, S. 70-79.
80 Vgl. ebenda, S. 112-123.
81 Vgl. ebenda, S. 134-148.
82 Vgl. ebenda, S. 153-176.
83 Vgl. ebenda, S. 192, 195 f.
84 Th. Vogl, Die Geburt der Humanität. Zur Kulturbedeutung der Religion bei Ernst Cassirer, Hamburg 1999, S. 141.
85 Vgl. ebenda, S. 128-131; M. Bösch, Der kultische Ursprung der Kultur. Zum Opferbegriff in Ernst Cassirers Philosophie der symbolischen Formen, in: Theologie und Glaube 86, 1996, S. 488-502.
86 Th. Vogl, Die Geburt der Humanität, a.a.O., S. 141.
87 Ebenda, S. 157.
88 Ebenda, S. 175.

Literaturhinweise

1. Werke von Ernst Cassirer

a) Kürzel (in alphabetischer Reihenfolge)

AH — Axel Hägerström. Eine Studie zur Schwedischen Philosophie der Gegenwart, in: Göteborgs Högskolas Arsskrift 45, 1939, S. 1-119.

BmD — Die Begriffsform des mythischen Denkens, in: Studien der Bibliothek Warburg I, Leipzig/Berlin 1922.

EBK — Erkenntnis, Begriff, Kultur, hg. und eingel. von R.A. Bast, Hamburg 1993.

EM — An Essay on Man. An Introduction to a Philosophy of Human Culture, New Haven/London 1944.

LS — Leibniz' System in seinen wissenschaftlichen Grundlagen, Darmstadt 1962 (zuerst 1902).

MS — Der Mythus des Staates. Philosophische Grundlagen politischen Verhaltens, Frankfurt/M. 1985 (zuerst 1946 in englischer Sprache).

PA — Die Philosophie der Aufklärung, Tübingen 1975 (zuerst 1932).

PSF — Philosophie der symbolischen Formen. Erster Teil: Die Sprache. Zweiter Teil: Das mythische Denken. Dritter Teil: Phänomenologie der Erkenntnis, Darmstadt 1973-75 (zuerst 1923, 1925, 1929).

STS — Symbol, Technik, Sprache. Aufsätze aus den Jahren 1927-1933, hg. von E.W. Orth/J.M. Krois unter Mitwirkung von J.M. Werle, Hamburg 1985.

SuF — Substanzbegriff und Funktionsbegriff. Untersuchungen über die Grundfragen der Erkenntniskritik, Berlin 1910.

VM — Versuch über den Menschen. Einführung in eine Philosophie der Kultur, Frankfurt/M. 1990.

WWS — Wesen und Wirkung des Symbolbegriffs, Darmstadt 1959.

b) Weitere Werke

Das Erkenntnisproblem in der Philosophie und Wissenschaft der neueren Zeit, 4 Bde., Darmstadt 1971-73 (Bd. 1, 2 zuerst 1906/07).

Freiheit und Form. Studien zur deutschen Geistesgeschichte, Berlin 1922 (zuerst 1916).

Idee und Gestalt, Goethe, Schiller, Hölderlin, Kleist. 5 Aufsätze, Darmstadt 1989 (zuerst 1921).

Sprache und Mythos. Ein Beitrag zum Problem der Götternamen, Leipzig/Berlin 1925 (Studien der Bibliothek Warburg VI).

Individuum und Kosmos in der Philosophie der Renaissance, 6. Aufl., Darmstadt 1987 (zuerst 1927).

Goethe und die geschichtliche Welt, Berlin 1932.

Die Platonische Renaissance in England und die Schule von Cambridge, Leipzig 1932 (Studien der Bibliothek Warburg XXIV).

Descartes, Stockholm 1939.

Symbol, Myth, and Culture. Essays and Lectures of Ernst Cassirer, 1935-1945, hg. von D.P. Verene, New Haven/London 1979.

Zur Logik der Kulturwissenschaften. Fünf Studien, Darmstadt 1961 (zuerst 1942).

Thomas Manns Goethebild. Eine Studie über Lotte in Weimar, in: German Review, Bd. XX, 1945, Nr. 3, S. 166-194.

Zur modernen Physik, Darmstadt 1980. Darin: Zur Einsteinschen Relativitätstheorie, zuerst 1921.

Im Verlag Felix Meiner (Hamburg) werden Ernst Cassirers nachgelassene Manuskripte und Texte von J.M. Krois und O. Schwemmer herausgegeben. Bisher sind erschienen: *Zur Metaphysik der symbolischen Formen* (1995) und *Ziele und Wege der Wirklichkeitserkenntnis* (1999).

2. Bibliographien der Schriften von Cassirer

C.H. Hamburg/W.M. Solmitz, Bibliographie der Schriften von Ernst Cassirer, in: P.A. Schilpp (Hg.), Ernst Cassirer, Stuttgart u.a. 1966, S. 613-633.

3. Bibliographien der Schriften über Cassirer

W. Eggers/S. Mayer, Ernst Cassirer. An Annotated Bibliography, New York 1988.

S.W. Estimer, Ernst Cassirer. Critical Work and Translations. 1969-79, in: Bulletin of Bibliography, XL, 1983, Nr. 1, S. 40-44.

R. Nadeau, Bibliographie des textes sur Ernst Cassirer, in: Revue Internationale de Philosophie, Brüssel, Bd. 28, 1974, S. 492-510.

D.P. Verene, Ernst Cassirer. A bibliography, in: Bulletin of Bibliography, 24, 1964, S. 104-106.

Ders., Ernst Cassirer. Critical Work, 1964-1970, in: Bulletin of Bibliography, 29, 1972, S. 21-24.

4. Bücher über Ernst Cassirer

R.A. Bast, Problem, Geschichte, Form. Das Verhältnis von Philosophie und Geschichte bei Ernst Cassirer im historischen Kontext, Berlin 2000.

T.I. Bayer, Cassirer's Metaphysics of Symbolic Forms. A Philosophical Commentary, mit einem einführenden Essay von D.P. Verene, New Haven/London 2001.

C. Bermes, Philosophie der Bedeutung. Bedeutung als Bestimmung und Bestimmbarkeit. Eine Studie zu Frege, Husserl, Cassirer und Hönigswald, Würzburg 1997.

M. Bongardt, Die Fraglichkeit der Offenbarung. Ernst Cassirers Philosophie als Orientierung im Dialog der Religionen, Regensburg 2000.

S. Ferretti, Cassirer, Panofsky and Warburg. Symbol, Art, and History, New Haven/London 1989.

M. Friedman, A parting of the ways: Carnap, Cassirer, and Heidegger, Chicago 2000.

T. Göller, Ernst Cassirers kritische Sprachphilosophie. Darstellung, Kritik, Aktualität, Würzburg 1988.

A. Graeser, Ernst Cassirer, München 1994.

C. Hackenesch, Selbst und Welt. Zur Metaphysik des Selbst bei Heidegger und Cassirer, Hamburg 2001.

C.H. Hamburg, Symbol and Reality, Den Haag 1956.

M. Hinsch, Die kunstästhetische Perspektive in Ernst Cassirers Kulturphilosophie, Würzburg 2001.

K.-N. Ihmig, Cassirers Invariantentheorie der Erfahrung und seine Rezeption des »Erlanger Programms«, Hamburg 1997.
Ders., Grundzüge einer Philosophie der Wissenschaften bei Ernst Cassirer, Darmstadt 2001.
S.W. Itzkoff, Ernst Cassirer: Scientific Knowlege and the Concept of Man, Notre Dame/Indiana 1971.
Ders., Ernst Cassirer: Philosopher of Culture, Boston 1977.
J.C. Kapumba Akenda, Vielfalt und Objektivität der Kulturformen. Zur Wissenschaftstheorie der Kulturwissenschaften bei Ernst Cassirer, Münster 1998.
T. Kautz, Ernst Cassirer und die Ethik, Darmstadt 1990.
T. Knoppe, Die theoretische Philosophie Ernst Cassirers. Zu den Grundlagen transzendentaler Wissenschafts- und Kulturtheorie, Hamburg 1992.
J.M. Krois, Cassirer: Symbolic Forms and History, New Haven/London 1987.
D.R. Lipton, Ernst Cassirer: The dilemma of a liberal intellectual in Germany, 1914-1933, Toronto/Buffalo/London 1978.
S.G. Lofts, Ernst Cassirer: La vie de l'ésprit: essai sur l'unité systématique de la philosophie des formes symboliques, Löwen 1997.
R. Margreiter, Erfahrung und Mystik. Grenzen der Symbolisierung, Berlin 1997.
M. Moxter, Kultur als Lebenswelt. Studien zum Problem einer Kulturtheologie, Tübingen 2000.
B. Naumann, Philosophie und Poetik des Symbols. Cassirer und Goethe, München 1998.
G.W. Oesterdiekhoff, Kulturelle Bedingungen kognitiver Entwicklung. Der strukturgenetische Ansatz in der Soziologie, Frankfurt/M. 1997.
E.W. Orth, Von der Erkenntnistheorie zur Kulturphilosophie. Studien zu Ernst Cassirers Philosophie der symbolischen Formen, Würzburg 1996.
H. Paetzold, Die Realität der symbolischen Formen. Die Kulturphilosophie Ernst Cassirers im Kontext, Darmstadt 1994.
Ders., Ernst Cassirer. Von Marburg nach New York. Eine philosophische Biographie, Darmstadt 1995.
Ders., The symbolic language of culture, fine arts, and architecture. Consequences of Cassirer and Goodman, Trondheim 1997.

Ders., Symbol, Culture, City. Five Exercises in Critical Philosophy of Culture, Maastricht 2000.

T. Paprotny, Dissonante Harmonie. Zur kulturanthropologischen Bedeutung symbolischer Formen, Würzburg 1999.

R.M. Peplow, Ernst Cassirers Kulturphilosophie als Frage nach dem Menschen, Würzburg 1998.

J.P. Peters, Cassirer, Kant und Sprache. Ernst Cassirers »Philosophie der symbolischen Formen«, Frankfurt/M./Bern/New York 1983.

I. Rill, Symbolische Identität. Dynamik und Stabilität bei Ernst Cassirer und Niklas Luhmann, Würzburg 1995.

M. Scherer, Vom Apriori der Prägnanz. Vortheoretische Sinnerschlossenheit als zentrales Motiv der Kulturphilosophie Ernst Cassirers, Darmstadt 1996.

C. Schmitz-Rigal, Die Kunst des offenen Wissens. Ernst Cassirers Epistemologie und Deutung der modernen Physik, Hamburg 2001.

O. Schwemmer, Ernst Cassirer. Ein Philosoph der europäischen Moderne, Berlin 1997.

W. Schultz, Cassirer and Langer on myth: An introduction, New York 2000.

S. Stensland, Ritus, mythos, and symbol in religion: A study in the philosophy of Ernst Cassirer, Uppsala 1987.

T. Stark, Symbol, Bedeutung, Transzendenz, Würzburg 1997.

K. Sundaram, Cassirer's Conception of Causality, New York u.a. 1987.

T. Vogl, Die Geburt der Humanität. Zur Kulturbedeutung der Religion bei Ernst Cassirer, Hamburg 1999.

5. Sammelbände mit Aufsätzen zum Werk Cassirers

H.-J. Braun/D. Holzhey/E.W. Orth (Hg.), Über Ernst Cassirers Philosophie der symbolischen Formen, Frankfurt/M. 1988.

D. Frede/R. Schmücker (Hg.), Ernst Cassirers Werk und Wirkung. Kultur und Philosophie, Darmstadt 1997.

W. Geßner (Hg.), Simmel und Cassirer. Themenheft: Simmel Newsletter der Georg-Simmel-Gesellschaft e.V., Bd. 6, Nr. 1, 1996.

Internationale Zeitschrift für Philosophie, Heft 2, 1992.

D. Korsch/E. Rudolph (Hg.), Die Prägnanz der Religion in der Kultur. Ernst Cassirer und die Theologie, Tübingen 2000.

C. Krijnen/E.W. Orth (Hg.), Sinn, Geltung, Wert. Neukantianische Motive in der modernen Kulturphilosophie, Würzburg 1999.

M. Plümacher/V. Schürmann (Hg.), Einheit des Geistes. Probleme ihrer Grundlegung in der Philosophie Ernst Cassirers, Frankfurt/M. u.a. 1996.

Revue de Métaphysique et de Morale, 97, Nr. 4, 1992.

E. Rudolph (Hg.), Cassirers Weg zur Politik, Hamburg 1999.

E. Rudoph/H.J. Sandkühler (Hg.), Symbolische Formen, mögliche Welten – Ernst Cassirer, Dialektik, 1, 1995.

E. Rudolph/B.-O. Küppers (Hg.), Kulturkritik nach Ernst Cassirer, Hamburg 1995.

E. Rudolph/I.O. Stamatescu (Hg.), Von der Philosophie zur Wissenschaft. Cassirers Dialog mit der Naturwissenschaft, Hamburg 1997.

P.A. Schilpp (Hg.), Ernst Cassirer, Stuttgart u.a. 1966.

J. Seidengast (Hg.), Ernst Cassirer. De Marbourg à New York. L'itinéraire philosophique. Actes du colloque de Nanterre 12-14 octobre 1988, Paris 1990. Mit einer Bibliographie von Werken über Cassirer, besorgt von R. Nadeau, S. 325-359. Stand 1988.

W. Vögele (Hg.), »Die Gegensätze schließen einander nicht aus, sondern verweisen aufeinander«. Ernst Cassirers Symboltheorie und die Frage nach Pluralismus und Differenz. Loccumer Protokoll Nr. 30/98, Rehburg-Loccum 1998.

6. Anderweitige Aufsätze zur Philosophie Cassirers

M. Bösch, Der kultische Ursprung der Kultur. Zum Opferbegriff in Ernst Cassirers »Philosophie der symbolischen Formen«, in: Theologie und Glaube, 86, 1996, S. 488-502.

Ders., Pluralität und personale Referenz in Ernst Cassirers »Philosophie der symbolischen Formen«, in: Theologie und Philosophie, 73, 1998, S. 260-267.

Ders., Symbolische Prägnanz und passive Synthesis. Genetische Phänomenologie der Wahrnehmung bei Cassirer und Husserl, in: Philosophisches Jahrbuch, 109. Jg., 2002, 1. Halbband, S. 148-161.

J.M. Krois, Ernst Cassirers Semiotik der symbolischen Formen, in: Zeitschrift für Semiotik, Heft 4, 1984, S. 433-444.

K. Neumann, Ernst Cassirer: Das Symbol, in: Grundprobleme der großen

Philosophen: Philosophie der Gegenwart, hg. von J. Speck, Bd. 2, Göttingen 1973, S. 102-145.

J. Seidengart, Die philosophische Bedeutung des Unendlichkeitsbegriffs in Ernst Cassirers Neukantianismus, in: Neukantianismus. Perspektiven und Probleme, hg. von E.W. Orth/H. Holzhey, Würzburg 1994, S. 442-456.

R. Silverstone, Ernst Cassirer and Claude Lévi-Strauss. Two Approaches to the Study of Myth, in: Archives de Sciences Sociales des Religions 21, 1976, S. 25-36.

D.P. Verene, Cassirers Kulturphilosophie, in: Allgemeine Zeitschrift für Philosophie, 9, 1984, S. 1-18.

7. Biografisches

T. Cassirer, Mein Leben mit Ernst Cassirer, Hildesheim 1981.

8. Weiterführungen der Philosophie der symbolischen Formen

N. Goodman, Sprachen der Kunst. Entwurf einer Symboltheorie, Frankfurt/M. 1998.

Ders., Weisen der Welterzeugung, Frankfurt/M. 1990.

S.K. Langer, Philosophie auf neuem Wege. Das Symbol im Denken, im Ritus und in der Kunst, Frankfurt/M. 1965.

Dies., Feeling and Form, New York 1953.

Dies., Mind: An Essay on Human Feeling, Baltimore 1967, 1972, 1982 (3 Bde.).

M. Strauss, Empfindung, Intention und Zeichen. Typologie des Sinntragens, Freiburg/München 1984.

Zeittafel

1874	Am 28. Juli wird Ernst Cassirer in Breslau geboren.
1892	Beginn des akademischen Studiums in Berlin. Studium der Jurisprudenz, dann der deutschen Literatur und der Philosophie an verschiedenen deutschen Universitäten. Ab 1896 Student bei dem Neukantianer Hermann Cohen in Marburg.
1899	Promotion mit *Descartes' Kritik der mathematischen und naturwissenschaftlichen Erkenntnis* bei Hermann Cohen und Paul Natorp in Marburg.
1902	*Leibniz' System in seinen wissenschaftlichen Grundlagen.* Hochzeit mit Toni Bondy.
1906	Habilitation in Berlin mit der Studie *Das Erkenntnisproblem in der Philosophie und Wissenschaft der neueren Zeit.*
1906-19	Privatdozent in Berlin.
1910	*Substanzbegriff und Funktionsbegriff.*
1916	*Freiheit und Form.*
1919-33	Professor für Philosophie an der Universität Hamburg.
1923-29	*Philosophie der symbolischen Formen* (3 Bände).
1925	*Sprache und Mythos.*
1929	Cassirer wird in Hamburg erster jüdischer Rektor einer deutschen Universität (bis 1930).
1932	*Die Philosophie der Aufklärung.*
1933	Cassirer verlässt Deutschland aufgrund von Pressionen der Nationalsozialisten.
1933-34	Lehrtätigkeit am All Souls College in Oxford.
1935-41	Professor für Philosophie an der Universität Göteborg.
1939	Cassirer wird schwedischer Staatsbürger.
1941-44	Gastprofessor an der Yale University in New Haven.
1944	Professor an der Columbia University in New York. *An Essay on Man.*
1945	Am 13. April stirbt Ernst Cassirer in New York.
1946	*The Myth of the State.*

Heinz Paetzold, geb. 1941, ist Professor für Kommunikationstheorie und Kulturphilosophie an der Hochschule für Angewandte Wissenschaften in Hamburg und lehrt Philosophie an der Universität Kassel. Von 1992 bis 1997 war er Leiter des Theory Department an der Jan Van Eyck Akademie in Maastricht, eines Postgraduate Centre for Fine Arts, Design and Theory. Er hatte Gastprofessuren an der Universität Tokio (Gedai) 1993/1994, an der Universität Amsterdam 1995 und an der Universität Krakau 1998.
Buchveröffentlichungen: Neomarxistische Ästhetik (1974), Ästhetik des deutschen Idealismus (1983), Ästhetik der neueren Moderne (1990), Profile der Ästhetik. Der Status von Kunst und Architektur in der Postmoderne (1990), Die Realität der symbolischen Formen (1994), The Discourse of the Postmodern and the Discourse of the Avant-Garde (1994), Ernst Cassirer. Von Marburg nach New York. Eine philosophische Biographie (1995), The Symbolic Language of Culture, Fine Arts and Architecture (1997), Symbol. Culture, City. Five Exercises in Critical Philosophy of Culture (2000).
Herausgeber von: A.G. Baumgarten, Meditationes philosophicae de nonnullis ad poema pertinentibus (1983), Modelle für eine semiotische Rekonstruktion der Geschichte der Ästhetik (1987), Ornament und Geschichte (1996, zusammen mit U. Franke), City Life: Essays on Urban Culture (1997).
Herausgeber der Zeitschrift: Issues in Contemporary Culture and Aesthetics (1995-2000).